讲给孩子的

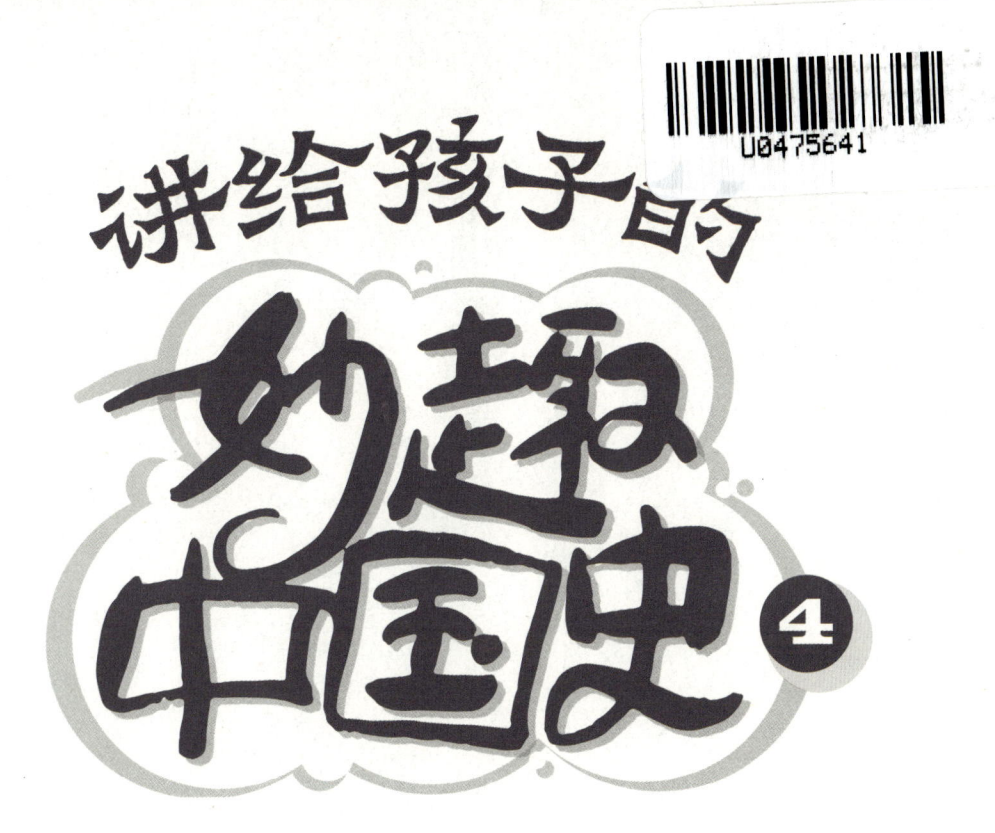

妙趣中国史 ❹

姜天一 著

天津出版传媒集团

天津人民出版社

第 **8** 章

陷入怪圈的东汉

77 《三国演义》和《三国志》的关系

姜 sir：各位同学，大家好，我就是那个人见人爱、花见花开、车见车爆胎的姜 sir。

小 Q：大家好，我就是那个负责问问题的小 Q 同学。

姜 sir：小 Q，你听过《三国演义》这本书吗？

小 Q：当然听过，我经常和同学讨论谁喜欢的武将最厉害，我最喜欢关羽。

姜 sir：那你知道的那些故事是真的历史吗？

小 Q：这个我倒没想过，反正《三国演义》太精彩了。

姜 sir：《三国演义》是一部非常受欢迎的小说，"演义"两个字就是根据真实的历史，作者编了一些细节加进去写成的小说。《三国演义》写于明朝，距离真正的三国时期隔了 1000 多年。

小 Q：也就是说，《三国演义》里有些内容是编的，那真实的历史是什么呢？

姜 sir：真正的历史叫《三国志》，《三国演义》的全名也叫《三国志通俗演义》。

小 Q：我明白了，就是《三国演义》比真正的《三国志》要通俗易懂，还有一些虚构的细节，对不对？

姜 sir：通俗演义就这个意思。《三国志》这本历史书太简单了，更像是新闻，大部分都是一些人物的简历。例如：小 Q，男，生于 2010 年，死于 2100 年，他担任过幼儿园小队长，当队长期间表现突出，在 2019 年获得"最佳小队长"的称号，还曾经和同学们一起跳绳。基本都是这一类的介绍。

小 Q：这的确是没什么意思。

姜 sir：《三国志》最大的缺点就是它过于简单，100 多年后南北朝时期，有人重新对《三国志》进行了补充，多达 2000 多处。我们看到的《三国志》基本就是补充后的版本。同时《三国志》是当时国家官方的史书，告诉后人三国时期发生了什么，但只告诉想让后人知道的部分，有一些不想说的细节，比如怎么商量打仗、怎么谋划等，就没写进去了，可三国时期是乱世，涌现出各路英雄豪杰，老百姓肯定好奇那些细节，于是民间就想象了各种的情节、传闻，慢慢地到了明朝，就把这千年流传的情节收集起来，就有了《三国演义》。

小Q：那《三国演义》书里哪些是假的啊？

姜sir：我们来举一些例子，《三国演义》中的武将是后人最喜欢讨论的，就是因为这部小说把武将的作用夸大了。其实在真实的古代战场上，武将负责利用武力在对方的阵营上撕开一个缺口，然后士兵跟着冲进来，这个缺口越冲越大。

小Q：那武将还是很重要的，就像一个钻头一样。

姜sir：《三国演义》里会经常出现单挑的情况，比如我和小Q带兵打仗，我只要战胜了小Q，小Q的士兵马上就开始逃跑。古时候虽然也有这种情况，但不会像《三国演义》里这么多。

小Q：是啊，战争是集体的事，这样描写应该更吸引读者。

姜sir：这就是个人英雄主义。蜘蛛侠大战怪兽，大家喜欢看。1000个蜘蛛侠，满天飞的蜘蛛网，观众就不喜欢了。

小Q：还有别的区别吗？

姜sir：《三国演义》是按照时间先后顺序讲的，但《三国志》可是官方历史，那得按照标准的模式写，你猜是什么模式？

小Q：《史记》的纪传体，因为所有的官方历史都是按照《史记》模式写的。但纪传体不是更吸引人吗？

姜sir：小说最初是要在一些茶楼讲的，就像大家读姜sir讲的历史一样，我先讲刘备的故事，大家听着挺开心，可我

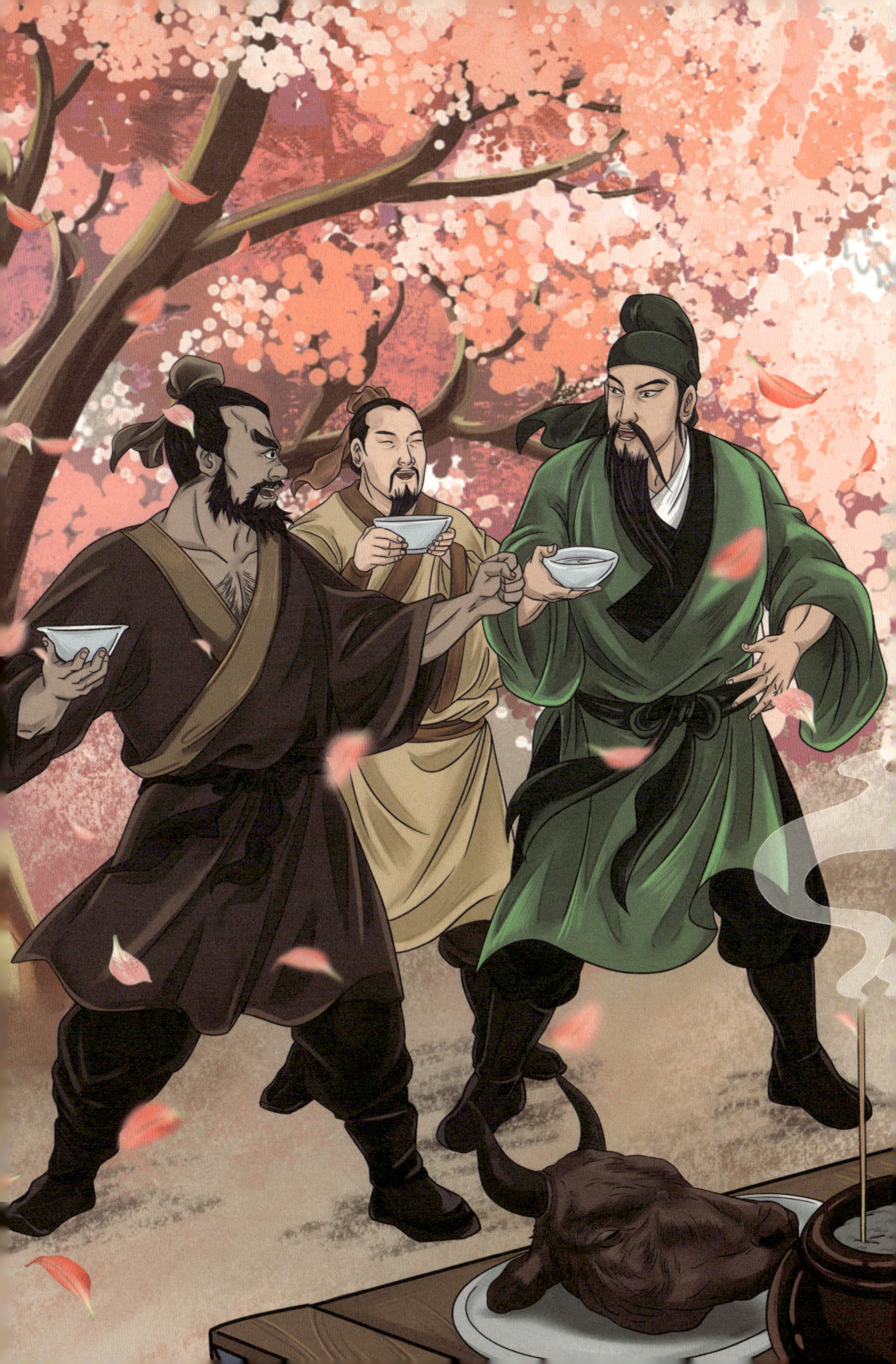

再讲关羽的故事时，大家就会发现，怎么好多情节都听过呢？最后我讲张飞，大家就不愿意听了。

小Q：我明白了，因为故事都是大家在一起时发生的。

姜sir：比如最著名的桃园三结义，三个人选在一个桃花盛开的季节，对天发誓，有福同享，有难同当，刘备老大，关羽老二，张飞老三。后来很多人都模仿这种行为，但其实真正的历史就说了他们三个感情像兄弟一样，没说变成了兄弟。

小Q：我明白了，就像姜子牙在河边等，没说钓鱼，是后人用想象将其扩展成了一个姜太公钓鱼的故事。

姜sir：你还记得四大美女中的哪一位是《三国演义》里虚构的？

小Q：貂蝉。

姜sir：我提几个人，你听过吗？徐荣、牵招、陈到、朱然、满宠。

小Q：没听过。

姜sir：这几个人在《三国志》里都有很多记载，但在《三国演义》里或一笔带过，或没有出现。我再说两个人：关兴和张苞。

小Q：这我知道，关羽、张飞的儿子，可厉害了。

姜sir：但其实《三国志》里没怎么写他俩。

小Q：感觉有点儿偏向的意思。

姜 sir：是的，《三国志》是晋朝陈寿写的。晋朝又是从三国时的魏国抢来的，陈寿写的《三国志》自然要将魏国作为正统，也就会偏向魏国曹操这面，但《三国演义》这部小说是偏向刘备的，也就是尊刘贬曹。这个区别就和一个人有关，他就是曹操，曹操到底做了什么？我们下节见。

78 曹操是哪个时期的？

各位同学，大家好，我就是那个人见人爱、花见花开、车见车爆胎的姜 sir。

大家好，我就是那个负责问问题的小 Q 同学。

姜 sir：小 Q，曹操是哪个时期的啊？

小 Q：《三国演义》这本书这么有名，肯定是三国时期的。

姜 sir：严格来说，曹操不是三国时期的人物。这就要从什么时期算三国说起了，历史上几乎都是从 220 年曹操儿子曹丕取代汉朝建立魏国开始算起的，但那个时候曹操已经去世了。

小 Q：也就是和东周很像，天子还在，但曹操的势力已经很大了。可曹操势力是怎么变大的呢？

姜 sir：东汉末年，皇帝年龄又小，国家又天天忙着循环式的内斗，老百姓已经过得很不好了，又偏偏天气大旱，粮食没有收成，可这个时候百姓还得像往年一样给朝廷上交粮食。

小 Q： 啊？都吃不上饭了，拿什么交啊？

姜 sir： 这个时候就爆发了黄巾起义。当时几乎全国到处都是头上戴着黄色头巾的起义军。为了把黄巾起义给镇压下去，汉灵帝就给地方的官员很大的权力，尤其是军队的权力，最后黄巾起义被镇压下去了。

小 Q： 那这些官员还听皇帝的话吗？

姜 sir： 肯定不听啊，讨伐董卓之战结束后，各地方势力就不遵从皇帝的命令了。

小 Q： 董卓是谁啊？前面有一节姜 sir 说董卓已经在洛阳城外了。

姜 sir： 小 Q，你还记得东汉有一个一百年的死循环吗？就是宦官和外戚之间的斗争。

小 Q： 记得记得，那些皇帝年龄还小。

姜 sir： 董卓就是带兵来灭掉宦官的，但没想到，找他来的将军还有宦官都被消灭了，现在朝廷没有掌权的了，董卓一看："那我不走了，我要控制这个国家。"董卓可不是个友善的人，消灭了很多不听话的人，类似曹操、袁绍这些人都赶紧逃走了。190 年，有个地方官员看不惯董卓的做法："我要消灭董卓，有没有人和我去？"大家纷纷表示赞同。于是就有了《三国演义》里的十八路诸侯讨伐董卓。

小Q：那董卓输定了。

姜sir：其实真正的历史上总共有十三家，而且董卓也没输。

小Q：是不是又和当年六国打秦国一样，不团结呢？

姜sir：对喽。当时董卓绑架了皇帝跑到长安，而十三家诸侯又不团结，也就散伙了。

小Q：那董卓就安全了？没人打了？

姜sir：192年，董卓被王允和部下吕布合伙消灭了。后人就在这里编造了一个美女出来，你记得是谁吗？

小Q：原来貂蝉就是这么被编出来的啊。

姜sir：接下来最倒霉的是汉献帝，就像个皮球一样，今天被这个抢了，明天被那个抢了，直到最后遇到了曹操。这个"皮球皇帝"就一直归曹操了，曹操开始了"挟天子以令诸侯"。

小Q：就是绑架天子，然后去命令天下诸侯吧，但其他人能听他的吗？

姜sir："挟天子以令诸侯"最早出自《左传》，现比喻用领导的名义按自己的意思去指挥别人。根据《三国志》记载，当时是毛玠（jiè）给曹操提出"宜奉天子以令不臣，修耕植，畜军资,如此则霸王之业可成也"的策略,通过"天子"的命令,来实现自己的抱负,这样既可以减少阻力,又可以凭借自身实力逐渐成长,可以师出有名。曹操就这样大体上统一了河南,接下来天下就是各自发展自己的,形成群雄并起的局面,也就是东汉末年军阀混战,你打我,我打你,打来又打去。其中最突出的就是袁绍,袁绍是当时显赫一时的大世族豪强势力,于199年大体上统一了河北。所以曹操和袁绍这两人也必有一战,于是就有了官渡之战。

小Q:每次战争我都好奇多少人打多少人。

姜sir:据说袁军大概11万,曹军大概2万。

小Q:一定是曹操的军队战斗力很强,一个打五个,战胜了袁绍。

姜sir:袁绍拥有当时几乎最强的骑兵、步兵,以及会射箭的弩兵,双方大军在官渡相持了好几个月。当时没有人认为曹操能赢,可曹操竟然赢了。小Q,你觉得两军打仗什么东西最重要,是一定要保护好的?

小Q:我当然知道了,粮食最重要。

姜sir:古人说"三军未动,粮草先行",比喻要有某种行动,必须预先做好有关的准备,打仗前得先看看自己有没有足够的粮食。当时曹操用了个冒险的招数,率领数千骑兵偷偷袭击袁绍储存粮食的地方,一把火把他的粮食、衣服、武器都

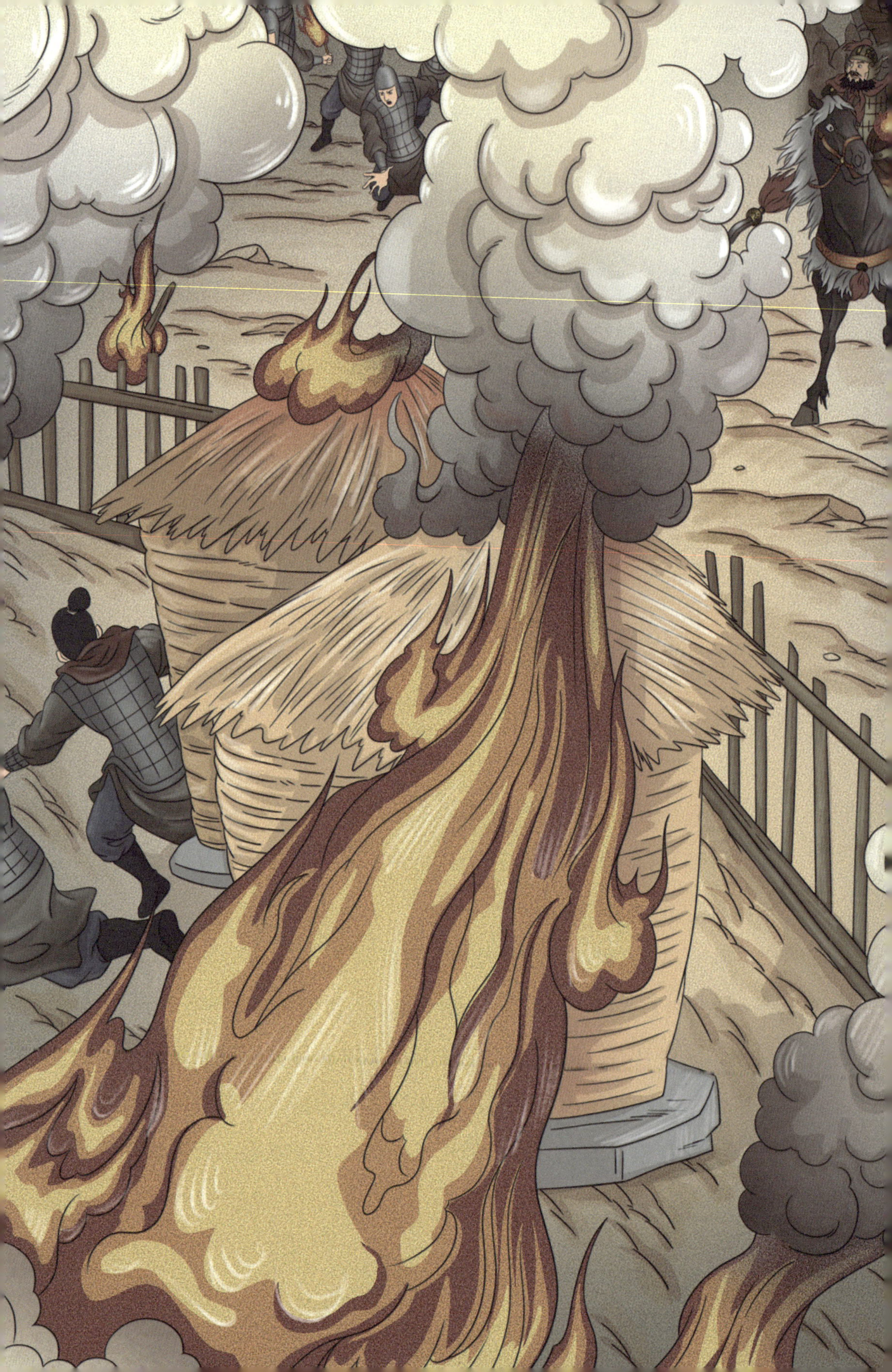

给烧喽,这就是历史上的"火烧乌巢"。

小Q:可袁绍肯定派了士兵把守,这种地方不好袭击。

姜sir:曹操趁着夜色走小路,到达后立即围攻放火。袁绍一听汇报,怒道:"好你个曹操,放火烧我粮食,我灭了你大本营。"于是袁绍一面派人去救粮,一面让大部队猛攻曹军大本营。但没想到曹操的士兵拼命防守,袁绍没打下来。结果袁绍自己内部分裂了,大家都觉得输定了。

小Q:气势上就输了,曹操肯定以少胜多打赢了。

姜sir:最后袁绍只带着800人逃跑了,剩下的大部分都被曹操消灭了。

小Q:这招也很冒险,万一袁绍把曹操的营地打下来,就是另一个结局了。

姜sir:如果当时袁绍听从部下的建议,不是领重兵去攻打曹操的营地,而是带领重兵直扑乌巢来救火,那么历史可能就要被改变了,但历史没有如果。202年,袁绍去世,曹操乘机彻底击灭了袁家。207年,曹操把混战多年的北方统一了。这个时候你觉得曹操心情怎么样?

小Q:激动,开心,兴奋。要吃点儿什么吗?

姜sir:你就知道吃。曹操写下了经典的《观沧海》,其中就有"日月之行,若出其中;星汉灿烂,若出其里"这样的名句,表达了曹操要像大海容纳万物一样统一天下的雄心和气概。

小Q：曹操还是个诗人？

姜sir：曹操可是个大文人，那个时候的文人有很多你听过的，比如有一个曾经让过梨，他是谁呢？他和曹操又是什么关系呢？我们下节见。

79 孔融不仅仅会让梨

各位同学，大家好，我就是那个人见人爱、花见花开、车见车爆胎的姜 sir。

大家好，我就是那个负责问问题的小 Q 同学。

姜 sir：小 Q，你听过孔融吗？

小 Q：听过，他小时候和哥哥吃梨，总是拿小的吃。有人问他为什么这么做，他回答说："小孩子年龄小，应该拿小的。"

姜 sir：这就是让后人称赞的"孔融让梨"。你知道吗，孔融的第一个身份是孔子的后代。

小 Q：啊？孔融还有这个身份？

姜 sir：孔融 10 岁时，跟着爸爸来到洛阳，自己一人去拜访当地的名人李膺（yīng）。李膺不喜欢陌生人来拜访他，如果不是特殊的人，都进不了大门。可孔融竟然进了李膺家的大门！

小Q：难道孔融让梨的事让他出名了？

姜sir：当然不是，而是孔融走到大门口说："我是李膺的亲戚，让我进去吧。"门口的仆人一听就放他进去了。

小Q：啊？孔融这不是撒谎吗？

姜sir：李膺一看孔融，不认识啊，就说："小朋友，咱俩有什么亲属关系吗？难道我认识你爸爸？"孔融就说："我的祖先是孔子，您的祖先是老子，他俩当年是朋友，我们两家早就算是世交了。"

小Q：什么是世交？

姜sir：世交的意思是家里面两代人以上关系都不错，你爷爷和他爷爷关系不错，你爸爸和他爸爸关系也不错，那你们两家就是世交。

小Q：可老子和李膺有什么关系呢？姓都不一样。

姜sir：关于老子到底姓什么，那真是讨论了好多年，其中一个说法就是老子姓李，叫李耳，古时候"老"和"李"读音是一样的，所以叫老子。

小Q：就算李膺和老子是一个姓，但感觉也有点儿太远了吧，都隔多少年了。

姜sir：李膺也知道孔融在找借口，但觉得孩子这么小，还挺聪明的，就夸了一句："不错，孩子，你说得挺有道理的。"这个时候，李膺旁边的人就看不过去了，说了一句"小时了了，大未必佳"。意思就是现在这么聪明，长大不一定有什么出息。小 Q，如果是你，你会怎么办？

小 Q：他说我，我很生气，但估计吵不过他。

姜 sir：孔融一听，微笑着说："按照您的说法，您小时候一定很优秀了。"

小 Q：这个回复太妙了，孔融是在说这个人现在没啥出息。

姜 sir：对方听了后，竟然不知道说什么了，就说："这孩子，不简单啊，日后一定有出息！"

小 Q：那孔融后来到底有没有出息？

姜 sir：孔融的第二个身份是"建安七子"之一。

小 Q：建安七子是什么？感觉像个组合？

姜 sir："建安七子"是汉朝建安年间七位文学家的合称，这七人基本就是那个年代除了"三曹"以外最棒的七个文学家。

小 Q：三曹又是谁？

姜 sir：就是曹操和他的两个儿子：曹植和曹丕。

小 Q：7 加 3 等于 10，10 个厉害的文学家，曹操和孔融都在里面，他俩关系很好吧？

姜 sir：他俩关系可不好，最后孔融就是被曹操杀的。

小 Q：为什么？

485

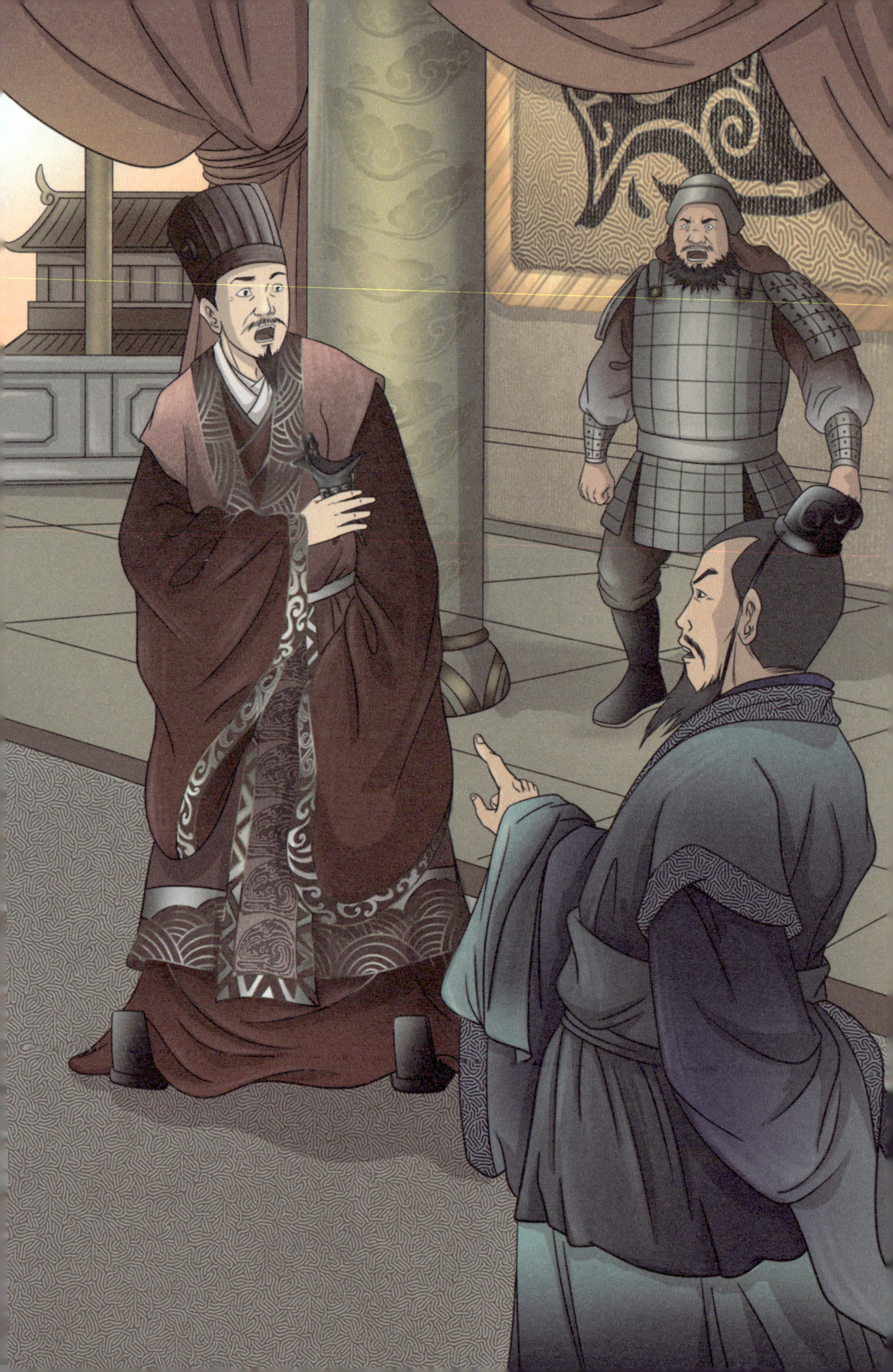

姜sir：孔融几乎处处和曹操对着干，比如当时四处打仗，粮食很稀缺。曹操为了保证粮食充足、节省粮食，就颁布了禁酒令，禁止老百姓自己酿酒。

小Q：我觉得很好，没问题。

姜sir：孔融写了一篇反对的文章，大概意思就是和曹操讨论一下"您为啥禁酒，天上有'酒星'，地下有'酒泉'，人间有'旨酒'，当年尧帝、孔子都喝酒，汉高祖刘邦也是醉酒后斩白蛇起义，历史上的英雄豪杰，哪个不喝酒呢？反倒屈原不爱喝酒，最后被贬官了。所以喝酒有好处，禁酒没道理，您凭什么禁酒"等问题。

小Q：我好像看到了他小时候去李膺家的样子。

姜sir：孔融当时很有影响力，他这么四处反对，曹操没办法实行这个政策，只能取消了。

小Q：那曹操心里肯定不舒服。

姜sir：还有一次，刘表学帝王祭天，可算让曹操抓着把柄了，这就可以用天子的名义打你了，便商量开战的理由。孔融来了，说道："您不能打。打仗是不利于国家的，刘表那么做肯定是有说法的，您得先问问他，再说刘表这人很不错，是不是国家出现了坏人，让刘表忍不了了，您与其打刘表，不如好好管理管理国家吧。"

小Q：我感觉孔融说的国家出现坏人就是指曹操呢。

姜sir：这个时候，曹操要去打一场对于他特别重要的战争，但他担心孔融的这张嘴和强大的影响力，万一孔融在曹操打仗期间说一些反对的话，人心不稳，导致后方不安定，这怎么能行呢？

小Q：不能直接杀吧，毕竟孔融也是那么有名的人。

姜sir：孔融这么爱说的人，难免有一些话里能挑出毛病。于是，曹操找了个借口就要杀了孔融和他的家人，这时候孔融为自己的儿子求情："孩子还小，留他们一条命吧。"可这时候，孔融还不到10岁的儿子就说了一句名言："覆巢之下，焉有完卵。"打翻的鸟巢下面还有完整的蛋吗？最终孔融一家被杀，而曹操也放心去打那场著名的战役了。小Q，你知道是什么战役吗？我们下节见。

80 一个人一张嘴

各位同学,大家好,我就是那个人见人爱、花见花开、车见车爆胎的姜 sir。

大家好,我就是那个负责问问题的小 Q 同学。

姜 sir:今天,我们就来感受一下《三国演义》里的赤壁之战。

小 Q:啊?不是应该讲《三国志》里的吗?《三国演义》是小说啊!

姜 sir:我当然记得,可《三国志》里对赤壁之战的介绍比较简单,基本的意思是曹操率领军队往南进攻,但士兵不习惯南方的天气,很多人生病了,水战时被东吴军队打败。

小 Q:啊?据说赤壁之战是非常精彩的战争,这介绍也太少了,我想听听《三国演义》里的赤壁之战是什么样的。

姜 sir：我们前面说到，曹操已经平定了北方，这时候准备向南进军，军队人数共 83 万，对外却说有 100 万。

小 Q：这么多人，得准备多少吃的？

姜 sir：这是小说里的记录，虽然真实的数字历史中没有记录，但一般认为曹操是 20 万人，孙刘联军是 5 万，即使这样的数字也是推断而已。

小 Q：孙刘联军是哪两家啊？为什么联合呢？

姜 sir：孙是孙权，刘是刘备，联合这事就得从诸葛亮舌战群儒说起。当时孙权手下很多人是要投降的，觉得打不过曹操，没想到诸葛亮一个人一张嘴，说服了对方 20 多人。

小 Q：这段一定很精彩。历史上是真的吗？

姜 sir：《三国志》里只是记录了诸葛亮作为使者和孙权有过对话，并没有记录诸葛亮与其他人交谈。

小 Q：后人可能认为光说服孙权不够，大臣得支持，所以加入了诸葛亮舌战群儒这一环节。

姜 sir：那我们就来感受一下诸葛亮在《三国演义》这部小说里的口才吧。对方 1 号出场，面对诸葛亮："我就是个江东的小人物，早就听说诸葛先生把自己比作管仲、乐毅，有这样的事吗？" 1 号的意思就是我这么厉害，都没敢说自己和管仲一样，诸葛亮你好意思吗。小 Q，如果你是诸葛亮，你会这时候谦虚吗？

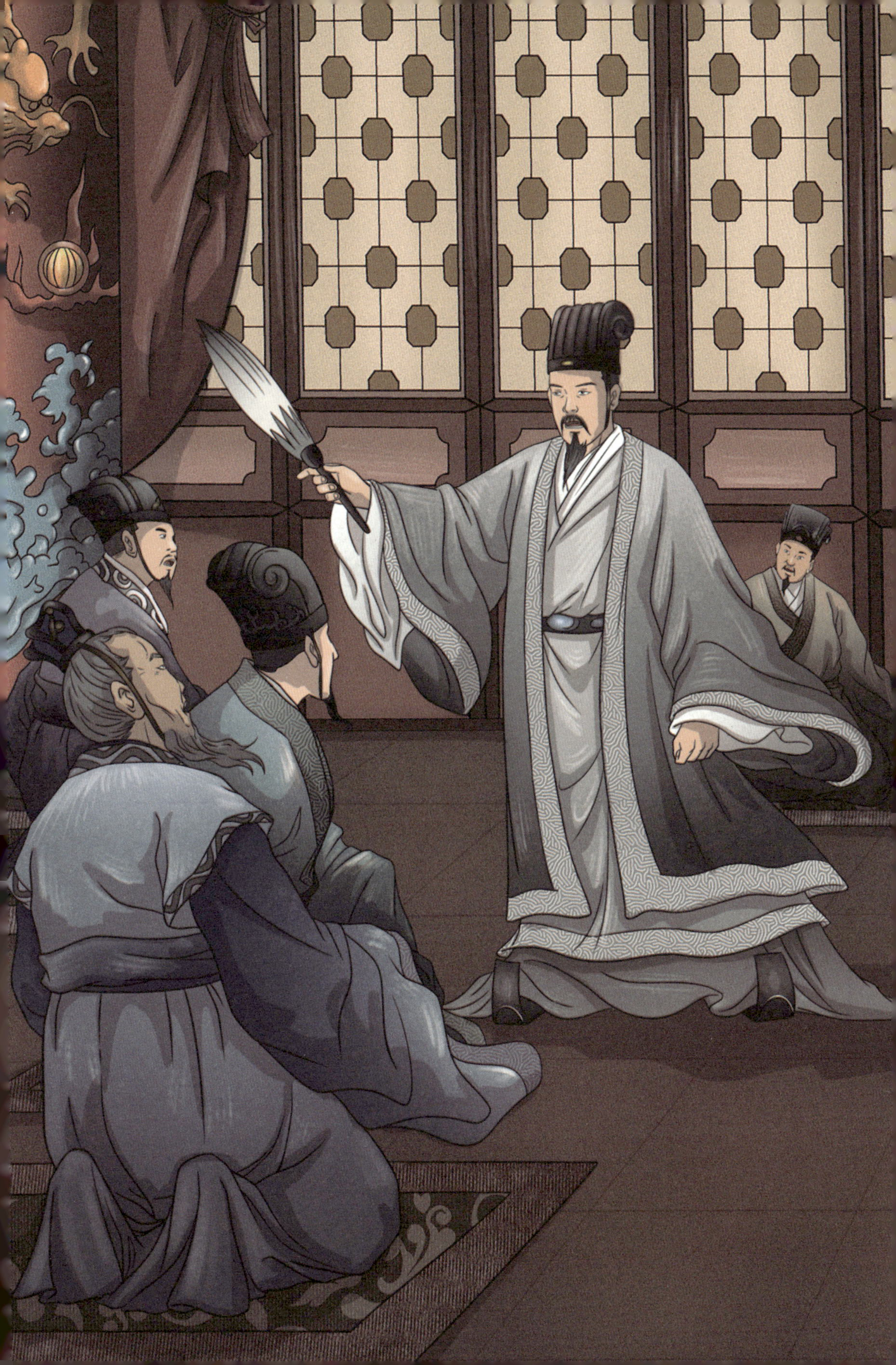

小Q：平时我会说："没有没有，都是大家瞎传的。"但这时候我得有气势。

姜sir：所以诸葛亮就说："这就是我平时的一个小小的比喻罢了。"对方继续说："听说刘备三顾先生于草庐之中才把您请出来了，想要占领荆州，可荆州却归了曹操，你们这是什么意思啊？"

小Q：我怎么感觉对方在说诸葛亮能力不够呢？

姜sir：对方就是这个意思。诸葛亮马上回击："我们想拿荆州还不容易吗？只不过那是自家兄弟的地盘，不好硬抢。可没想到这个自家兄弟投降了。我们现在到江夏这边来准备自己拉队伍单干，你还问我们什么意思，一般这么高妙的想法，你这脑子不一定能理解。"

小Q：诸葛亮的大脑反应速度太快了。

姜sir：对方也不是普通人，说话都是有圈套的，马上就说："如果是这样，您这话就有问题了。您前面说自己是管仲、乐毅——管仲辅佐桓公称霸诸侯，一统天下；乐毅扶持微弱的燕国，拿下齐国70多座城池——可刘备在没请到你之前，还能打下一些城池，如今有了你，连3岁的孩子都说刘备是如虎添翼，曹操要被灭了。天下所有人都对你抱着很大的希望，可为什么自从你跟了刘备，刘备丢盔卸甲，望风而逃，弃新野，走樊城，败当阳，奔夏口，连个能休息的地盘都没有。刘备自从有了你,为什么还不如原来了呢?"

小Q:诸葛亮的对手很厉害,不简单,说得我都不知道该怎么解释了。

姜sir:诸葛亮马上回击道:"病是一天就能治好的吗?不需要调养身体吗?我主刘备,当年士兵不到1000人,将军只有关羽、张飞、赵云,就在这样的条件下,火烧博望坡,水淹曹军,令曹军心惊胆寒。管仲、乐毅就算活着,也不过如此吧。当阳我们战败了,几十万老百姓跟着我们走,说明什么,老百姓觉得我们好啊。再说了,打仗的事,怎能只看一次输赢呢?刘邦多次败给项羽,最后不也取得天下吗?不还是因为韩信为他出了主意吗?所以说,国家大事,要靠谋划,那些只会挑毛病、辩论的人,真正遇到大事的时候就不行了,这才真正是叫天下人耻笑。"

小Q:这段话回击得太漂亮了。

姜sir:对方1号说不过诸葛亮退下了,2号继续来:"曹操现在百万人都打到你家门口了,要把江夏灭了,你又能怎么着呢?"诸葛亮说:"曹操的兵都是收编的,有什么可怕的。"2号继续:"你们都去求人保护了,还说不怕?"诸葛亮反驳道:"我们那是求人吗?我们只是暂时在等待好机会,曹操来了,我们肯定打。你们这么多兵,而且还有长江给你们挡着,你们却想着要投敌,还好意思来说我们?!"

小Q：2号估计脸都红了吧，后面还有能说的人吗？

姜sir：后面几乎就团灭了，3号拿战国的苏秦、张仪举例子，诸葛亮直接说："你们这些庸俗的人，曹操打个喷嚏都能把你们吓死，还有脸提张仪、苏秦。"4号说汉朝都快完了，人人都知道天下马上归曹操了，打仗就是找死。诸葛亮说："就你这种人还帮曹操说话，忘恩负义，大逆不道，闭嘴吧，我不和你这种人说话。"5号说刘备不过是个卖草鞋的，拿什么和曹操打。诸葛亮就说："刘备是堂堂正正的皇亲国戚，皇上都认他了。再说了，卖草鞋怎么了，刘邦当年出身高贵啊，你说这话跟3岁小孩一样，我们大人说话，你个小孩就不要插嘴了。"

小Q：诸葛亮的口才太厉害了，佩服佩服。

姜sir：一个人一张嘴，说得对方一句话都没有了。那么后续孙刘联军又如何打败曹操呢？我们下节见。

81 一场大火

姜 sir：各位同学，大家好，我就是那个人见人爱、花见花开、车见车爆胎的姜 sir。

大家好，我就是那个负责问问题的小 Q 同学。

姜 sir：上节我们讲到了《三国演义》里诸葛亮舌战群儒，但即使孙刘联军，又怎么能和曹操的数十万大军对抗呢？我们先来看《三国志》里最详细的一段是如何描写的。

小 Q：为什么是最详细的呢？难道《三国志》里还有其他描写？

姜 sir：不要忘了《三国志》是按照《史记》的方式——纪传体描写的，所以参与到赤壁之战的人物传记里都有描写。诸葛亮、曹操、刘备、孙权的传记里虽然都写了，但文字很少。最详细的就是《三国志·吴书·周瑜鲁肃吕蒙传》里面记录的，孙权派周瑜迎战曹操，因为曹操的士兵很多都生病了，所以曹操被打败了，退到了长江的北面，周瑜在长江的南面，周瑜和黄盖说："虽然我们这场打赢了，但曹操人多，这么打下去不是个办法。我看曹操的船，一艘挨着一艘，我们把它烧了吧。"

小Q：曹操当年就烧了袁绍的粮仓，人家有经验，肯定会防守的。

姜sir：于是黄盖先给曹操写了一封信，说要投降，曹操就相信了，黄盖的船上准备了柴草、油那些一点就着的东西，然后冲了过去，把曹操的军营给一把火烧了。

小Q：啊？这就结束了，曹操这么聪明的人就这么被骗了。

姜sir：所以《三国志》太简单了，满足不了后人的好奇心，要不我们去《三国演义》里看看，小说是怎么补充的？

小Q：好，《三国志》的赤壁之战我知道了，给我说说《三国演义》的吧。

姜sir：曹操为什么会相信黄盖的投降呢？小说里加入了一个情节。一天，周瑜在大帐中把将军们都召集来，命令每个将军各领取3个月的粮草，准备开战。黄盖却说："不要说3个月，就是用30个月的粮草也没用。如果这个月内能打败曹操，那再好不过了；如果一个月之内不能打败曹操，我们干脆投降好了。"如果你是将军，你会允许手下说这样的话吗？

小 Q：当然不行了，这是气势的问题，得拿出破釜沉舟的决心来。

姜 sir：周瑜听到这种动摇军心的话，当场就生气了："把黄盖给我拉出去杀了。"黄盖也不承认错误，大声说道："我黄盖打多少年仗了，你周瑜年纪轻轻的还教训起我来了，你算什么啊！"

小 Q：这周瑜肯定饶不了黄盖，说错话了还嘴硬。

姜 sir：周瑜气得火冒三丈："马上把黄盖给我拉出去杀了。"其他将军赶紧一齐跪下，为黄盖讨饶。看在众人的面子上，周瑜这才饶了黄盖，但死罪可免，活罪难逃，便狠狠地打了黄盖 50 脊杖。

小 Q：什么是 50 脊杖啊？

姜 sir：就是用棍子在你的后背上狠狠地抽 50 下。

小 Q：啊？打后背还不如打屁股呢！

姜 sir：打屁股叫臀杖，脊杖会更疼。最后打得黄盖鲜血直流，这个时候黄盖给曹操送去了投降信，你觉得曹操信不信？这就叫周瑜打黄盖——一个愿打一个愿挨，意为你情我愿。

小 Q：这是周瑜和黄盖商量好的呀？这已经不是比拼演技的问题了，这可是真打，难怪曹操相信了。可还有一个问题，几艘小船就能把曹操的战船都烧了吗？毕竟在水里呀，曹操

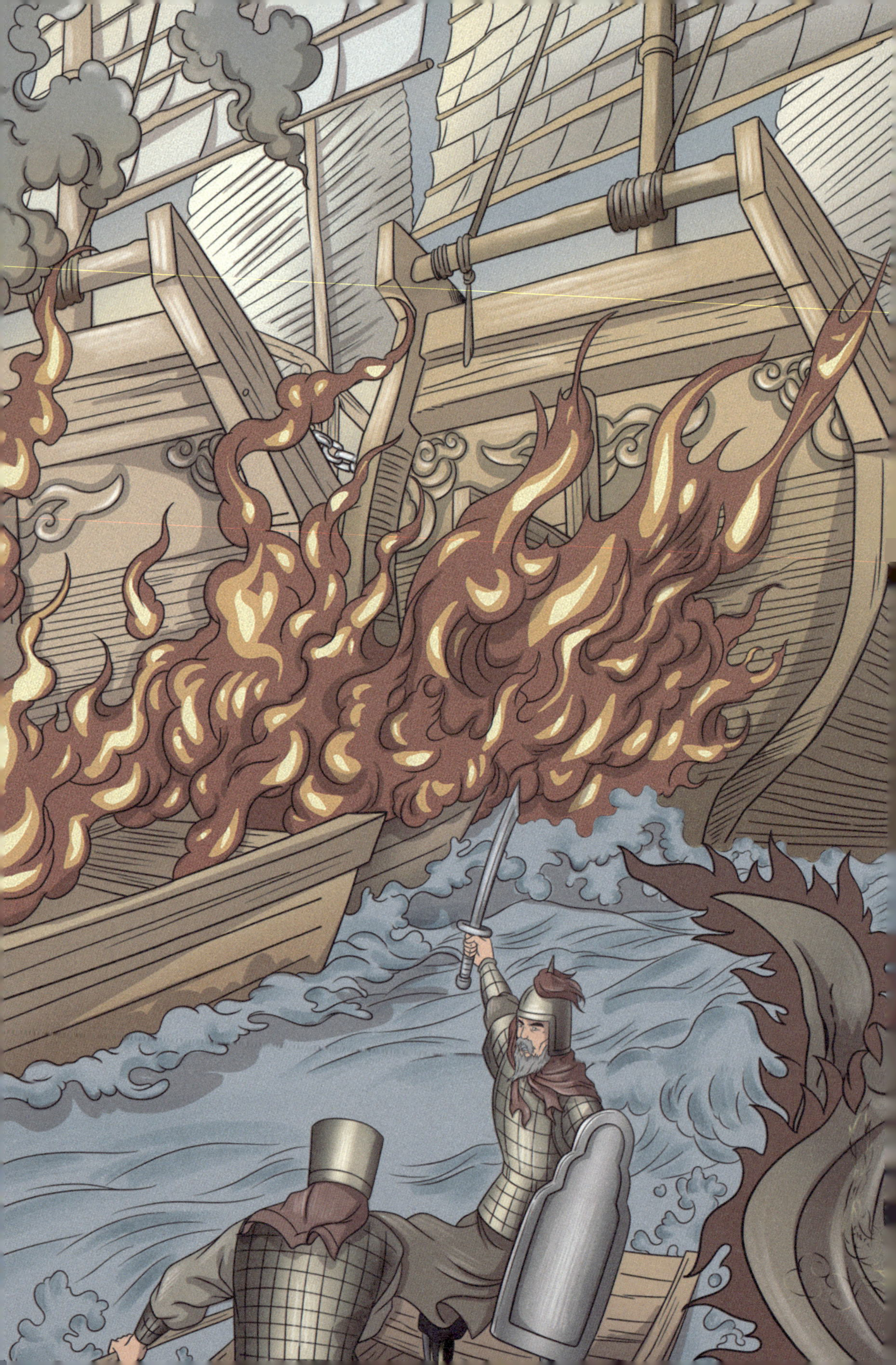

可以救火的。

姜sir：这就叫万事俱备，只欠东风，比喻什么都已准备好了，只差最后一个重要条件了。

小Q：意思就是说周瑜什么都准备好了，就缺一场风帮他，可风怎么准备？

姜sir：这就是《三国演义》里经典的诸葛亮借东风。诸葛亮与周瑜共同制订了火烧曹营的计划，可是一直刮西北风，不但烧不着北岸的曹兵，反而会把火都吹到自己这面来。周瑜心情不好，病倒在床上。诸葛亮知道后，给周瑜开了个药方，上面写着："欲破曹兵，宜用火攻。万事俱备，只欠东风。"诸葛亮说他能借来东风。

小Q：这怎么可能？诸葛亮就算再厉害，我也不信他能控制天气。

姜sir："喜鹊枝头叫，出门晴天报。""风大夜无露，阴天夜无霜。""蛤蟆大声叫，必是大雨到。"

小Q：我明白了，诸葛亮其实早就观察到大自然的变化，知道会有东风。就好像妈妈和我说的蜻蜓低飞就是要下雨了一样。

姜sir：是的，诸葛亮是通过对天文地理的观察推断出来的。但经过小说这样的细节补充，就让赤壁之战变得生动起来了。

小Q：也就是说《三国演义》这部小说并不一定都是假的，而是根据历史事实，又加入了大量想象的细节。

姜sir：赤壁之战是真实存在的，主要的功臣也是周瑜，所以苏轼在《念奴娇·赤壁怀古》里写下了"遥想公瑾当年，小乔初嫁了，雄姿英发。羽扇纶（guān）巾，谈笑间，樯橹灰飞烟灭"。战后，孙吴一方本想乘胜追击，向北侵入曹魏的势力范围，但被曹军成功地阻挡住。刘备则趁机向孙吴借取了荆州，并以此为根据地，迅速发展壮大了自身实力，进而开始向西南方向经营，谋取益州巴蜀之地，天下"三足鼎立"局面便形成了。曹、孙、刘三家政权虽然实力并不对等，但他们之间互相制约，也取得了短暂的平衡时期。诸葛亮的《隆中对》也逐渐要实现了。著名的《隆中对》到底写了什么？我们下节见。

82 《隆中对》化为泡影

姜 sir：各位同学，大家好，我就是那个人见人爱、花见花开、车见车爆胎的姜 sir。

小 Q：大家好，我就是那个负责问问题的小 Q 同学。

姜 sir：上节我们说到，赤壁之战后天下形成了三足鼎立的局面，而这个局面也正是诸葛亮计划的完美实现。

小 Q：难道说诸葛亮早就知道天下会分为三国？

姜 sir：这就得从刘备三顾茅庐说起了，诸葛亮在他的《出师表》中就明确提到过此事："臣本布衣，躬耕于南阳，苟全性命于乱世，不求闻达于诸侯。先帝不以臣卑鄙，猥自枉屈，三顾臣于草庐之中。"

根据《三国演义》，刘备先后三次拜访诸葛亮，前两次都无功而返。第一次，刘备和关羽、张飞带着礼物去拜访诸葛亮，谁知诸葛亮刚好出游去了，书童也说不知什么时候回来，刘备只好回去了。过了几天，刘备、关羽、张飞冒着大雪又来到诸葛亮的家，只遇到诸葛亮的弟弟，说哥哥被朋友邀走了。刘备非常失望，只好留下一封信，说渴望得到诸葛亮的帮助，平定天下。

小Q：那时候要是有电话就好了，等诸葛亮什么时候回来，给刘备回个电话。

姜sir：即使有电话，刘备也不会这么干的，要请人家帮你，就得真诚地亲自来。一心求贤的刘备不辞辛苦，第三次登门造访，诸葛亮正好在睡觉。刘备让关羽、张飞在门外等候，自己在台阶下静静地站着。过了很长时间，诸葛亮才醒来，刘备向他请教平定天下的办法。

小Q：刘备这个态度还是很有诚意的。

姜sir：所以后人用"三顾茅庐"来比喻真心诚意，一再邀请有专长的贤人。刘备已经做出了应有的态度，接下来就看诸葛亮了。

小Q：诸葛亮需要做什么啊？就是答应不答应呗！

姜sir：我三次来请你，即使别人把你夸上天，你也得展示下水平吧。要不我怎么放心请你回去呢？我就算请个厨师，也得尝尝手艺吧。

小Q：看来诸葛亮第三次一定是说了什么，让刘备很佩

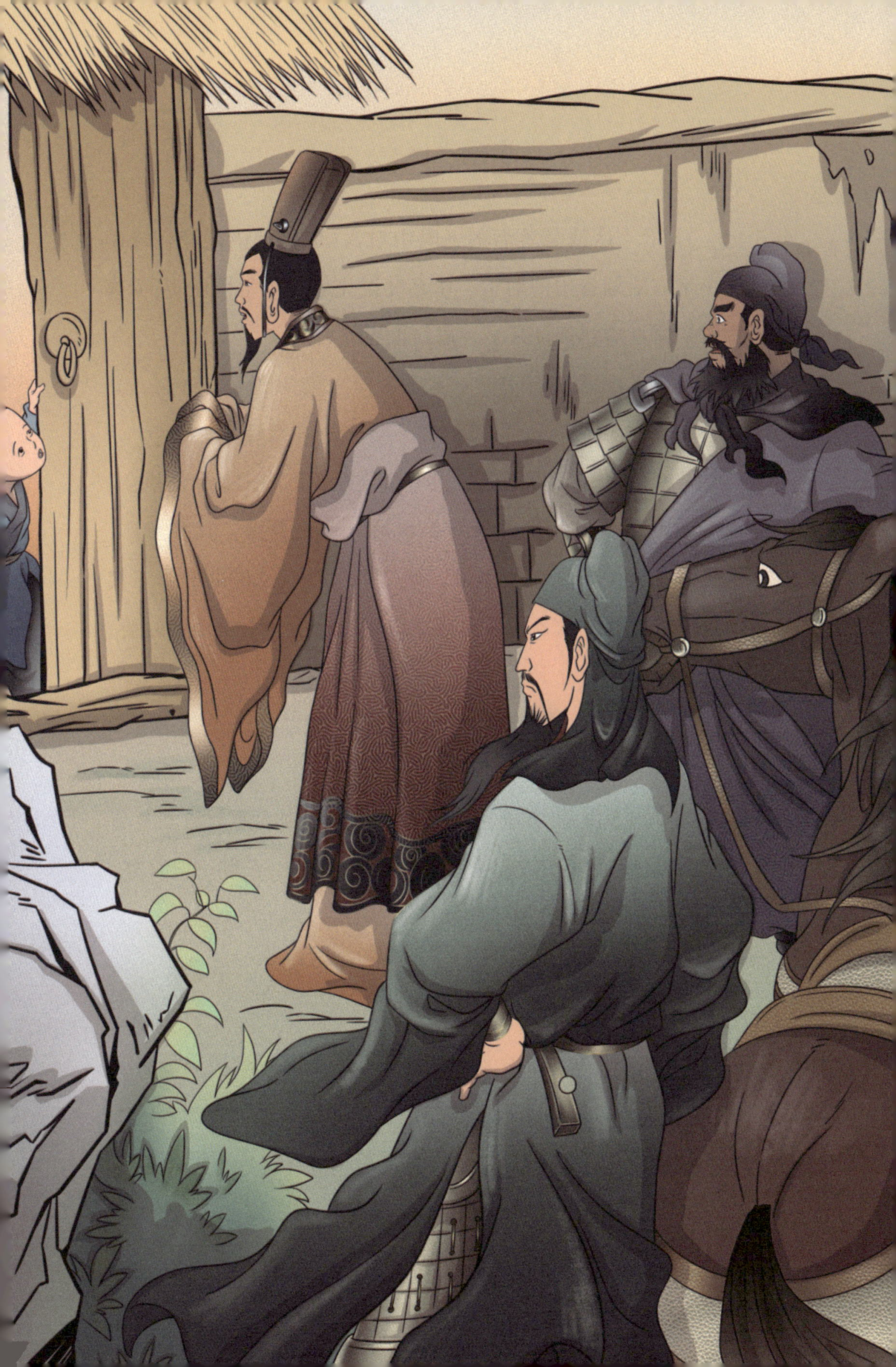

服吧。

姜 sir：这就是著名的《隆中对》，也就是诸葛亮在隆中这个地方给刘备出的对策。诸葛亮说完后，刘备愣住了，《隆中对》简直给刘备打开了一扇新世界的大门。

小 Q：姜 sir，诸葛亮在《隆中对》里到底说了什么，让刘备这么着迷？

姜 sir：先是告诉刘备，天下四分五裂，这正是你的机会，但有两方力量目前不能去对抗。第一个是曹操，兵多将广，手里还有天子，现在争不过。第二个是孙权，借助父子三代的努力，已经对江东地区形成了稳定的统治，那里地势险要，只能合作不能对着干。

小 Q：这不就是赤壁之战的孙刘一起对抗曹操吗。诸葛亮太聪明了。

姜 sir：同时告诉刘备哪几个地方能拿到，逐一给刘备分析，直到最后，告诉刘备，按照我这个战略规划，汉朝可以恢复，意思就是天下就是你的了。换作小 Q 你，激动不激动？

小 Q：这三顾茅庐真的太值了，要是我一定请诸葛亮好好吃一顿。

姜 sir：在《三国演义》小说中三顾茅庐被浓墨重彩地渲染，但正史《三国志》对这一段的记载却只有五个字——"凡三往，乃见"。这里的"三"不一定是指三次，而可能是多次的指代词。我们只能确定，历史上刘备曾多次造访了诸葛亮，同时因为诸葛亮卓越的名声，每一个人才都渴望有明君的知遇，所以三顾茅庐是千古文人心中的一个梦想。

小Q：那《隆中对》在《三国志》里有记载吗？

姜sir：《隆中对》选自《三国志·蜀志·诸葛亮传》，是诸葛亮给刘备的一个大规划，虽然说计划赶不上变化，并没有完全实行，但我们来看一下最终的结果：诸葛亮策划《隆中对》，其最终目标是一统天下，当时的刘备非常落魄，仅有一县的地盘，但就在未来短短的11年时间里，刘备从一县之地扩张到约100万平方千米的蜀汉，涨幅差不多为1000倍，可以三分天下，这就是《隆中对》的力量。

小Q：如果简单地用钱来算，就算我现在只有100块钱，有了诸葛亮，11年就能变成10万块。天才啊，那刘备最后为什么没有统一天下？

姜sir：219年，孙权攻打荆州，杀了关羽，吴蜀两国结仇。220年，曹丕取代汉朝称帝。221年，刘备称帝，为夺回荆州和给关羽报仇，亲率大军攻打东吴，在夷陵被打败，退回白帝城一病不起，蜀军也伤亡惨重。

小Q：刘备亲自带兵，怎么还输了？

姜sir：又是一把火，吴军士兵携带茅草，乘夜突袭，顺风点火。天气炎热，火势猛烈，蜀军内部大乱，刘备兵败。

小Q：怎么官渡之战、赤壁之战、夷陵之战，都是用火赢的？

姜sir：这三场战争也被人称作"三国三大战役"，这三场战争也都是以少战多，少数方赢了。最具戏剧性的是，人少的一方全都采取了火攻战术，击败了势头正旺的敌人。

蜀汉发动的夷陵之战打破了三国鼎立原有的平衡。诸葛亮的《隆中对》也就基本化为了泡影，即使后续再怎么努力，也没办法恢复汉室了。夷陵一战也让蜀汉和孙吴失去了统一北方的可能性。结束三国鼎立，统一全国的任务只能由北方的曹魏来完成，而这时候的曹魏又在忙什么呢？曹操去世后，谁继承了他的位子呢？我们下节见。

83　七步之内写首诗

> 各位同学，大家好，我就是那个人见人爱、花见花开、车见车爆胎的姜 sir。

> 大家好，我就是那个负责问问题的小 Q 同学。

姜 sir：上节我们说到夷陵之战，刘备大败，但为什么刘备和孙权大战的时候，曹魏却没有进攻呢？这就得从曹丕说起了。

小 Q：曹操去世了吗？

姜 sir：曹操病死在洛阳，曹丕继承了曹操的位子。

小 Q：曹操有多少个儿子？我记得有一个叫曹冲的特别聪明。

姜 sir：曹操一共有 25 个儿子，曹冲的确很聪明，简直就是三国时期的神童。根据《三国志·魏书·武文世王公传》

记载,曹冲五六岁的时候,孙权送来了一头大象,曹操很想知道这头象的重量,可没有这么大的秤啊,曹冲说:"把这头象放到船上,船肯定会往下沉,做上记号,再往船上装其他东西,到了那个记号就停,称一下这些东西的重量,就是大象的重量。"

小Q:多聪明啊。我要是曹操就把位子传给曹冲。

姜sir:曹操的确很喜欢曹冲,但曹冲13岁那年得了一种怪病,医治无效去世了。

小Q:那还有一个写《七步诗》的曹植呢?听说特别有才华。

姜sir:曹植的才华用一个成语来概括就是"才高八斗"。南朝时期的著名诗人谢灵运曾经评价曹植"天下才共一石,曹子建独占八斗"。一石相当于10斗,意思是天下才华一共10斗,曹植占了8斗。

小Q:虽然夸张了一些,但曹植肯定是特别有才华,才能被后人如此夸奖。

姜sir:唐朝诗人王勃的千古名句"海内存知己,天涯若比邻"就是从曹植的"丈夫志四海,万里犹比邻"模仿来的。后人评价曹植是可以和李白、苏轼齐名的诗人。

小Q:这么厉害,那曹操为什么把位子传给了曹丕,而不给曹植呢?

姜 sir：首先，当时曹丕是老大，这也符合嫡长子继承制；其次，曹植有三大爱好：喝酒、作诗、交朋友，经常喝得大醉。小 Q，有才华就一定能治理好国家吗？

小 Q：不不不，治理国家是一件特别复杂的事情，要权衡的地方太多了。

姜 sir：反观曹丕性格，做事情很稳，出手果断且不犹豫，同时懂得节制，不会随着自己的性格想做什么就去做什么。

小 Q：我要是曹操，我也选曹丕。

姜 sir：后人推断也许还有另一个原因，就是曹操特别喜欢曹丕的儿子曹叡。在《三国志·明帝纪》中记载："一经耳目，终不遗忘……帝生数岁而有岐嶷（yí）之姿，武皇帝异之，曰：'我基于尔三世矣。'每朝宴会同，与侍中近臣并列帷幄。"曹叡从小相貌俊美，超凡脱俗，并且是读书过目不忘的神童，曹操对曹叡格外喜爱，常令他伴随左右。在朝会宴席上，也经常叫他与侍中近臣并列。曹操不止一次说过："有了你，我的家业就可以继承三代了。"而曹植的儿子在史书中却没提到过。

小 Q：可曹丕都当上皇帝了，为什么还要难为曹植七步写出诗歌呢？毕竟是亲兄弟。

姜 sir：曹操去世后，曹丕即位，取代汉朝建立了魏国。传闻这时曹丕对之前曹植与他争位之事一直怀恨在心，就想找机会除掉曹植。曹丕说："父亲活着的时候常常在别人面前拿你的诗歌文章夸耀。我问你，那些诗歌文章是不是你请别人帮你写的？"曹植回答说："我从来没有请人代作过，都是我自己作的。"曹丕板着面孔说："好！现在我叫你作一首诗。你在宫殿上走七步，七步走完了，就必须把诗作出来。如果走完七步诗还没有写出来，就重重治你的罪！"曹植不慌不忙地回答道："请出个题目吧。"曹丕说："我和你是兄弟，就用'兄弟'二字做题目。可是诗里面不许带有'兄弟'这两个字。"曹植就在金銮殿上走起步来，走一步，作一句，七步还没走完，诗就作出来了。

小Q：这首诗我背过——"煮豆燃豆萁，豆在釜中泣。本是同根生，相煎何太急？"曹植把曹丕比作豆萁，把自己比作豆子。再说咱们本来是亲兄弟啊，你为什么要这样迫害我呢？

姜sir：你背的这个版本是《三国演义》中改编的，原诗是"煮豆持作羹，漉（lù）菽（shū）以为汁。萁在釜下燃，豆在釜中泣。本自同根生，相煎何太急？"但你不觉得这个故事有问题吗？

小Q：这个没问题吧，曹植本身就有才华，七步写出诗很正常。

姜sir：可如果你是曹丕，想找借口对付曹植，你会让曹

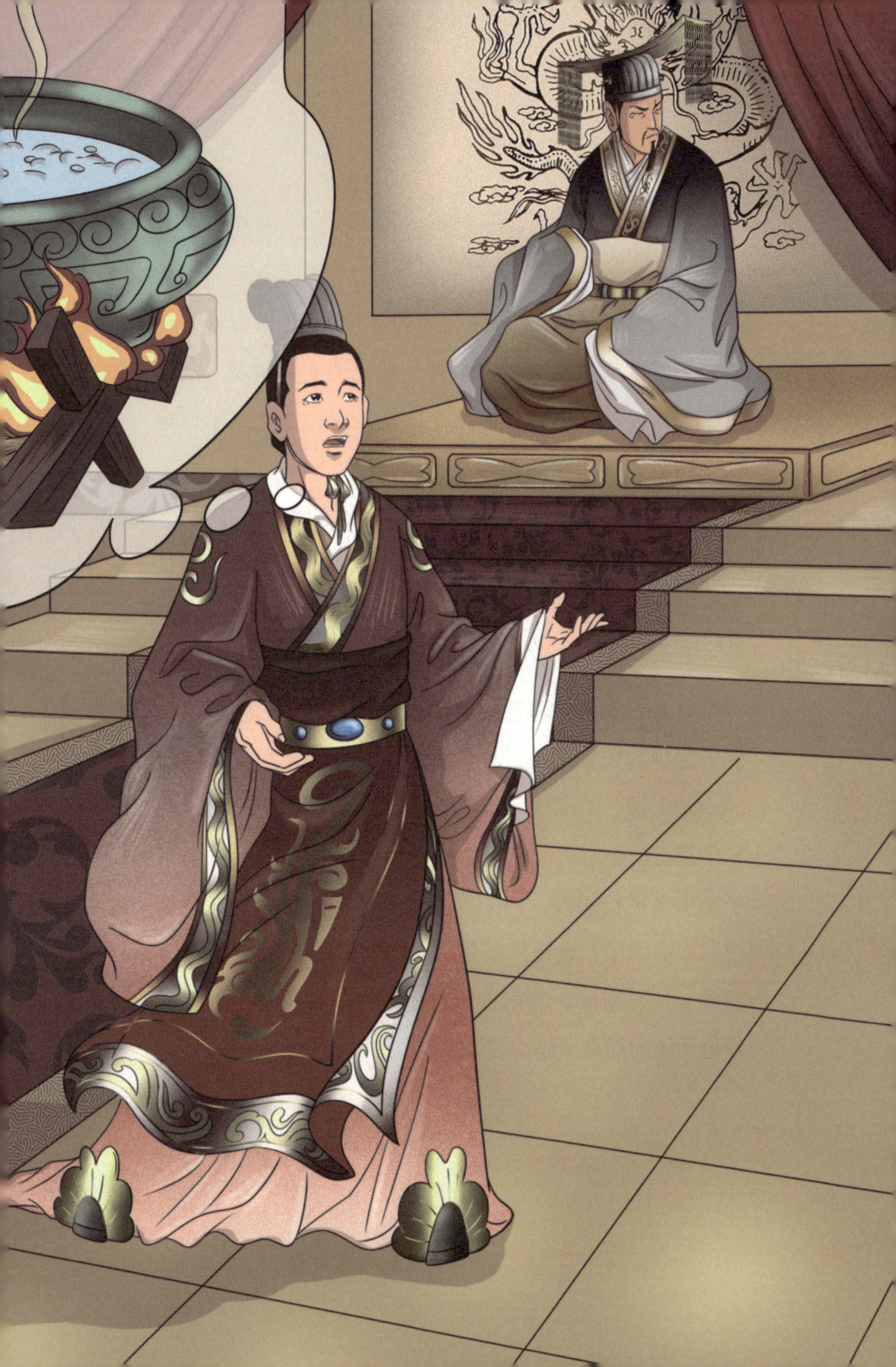

植写诗吗？

小Q：我不会，曹植最擅长写诗了。这不相当于考数学老师数学吗？

姜sir：我们来读一段后人的评价："我以为这个传闻并不可靠。因为以魏文帝这个人，从他的文章来看，从他的作风来看，他不会做这样的事。这还不是说他仁慈不仁慈，以他的智慧才略，就是要杀死曹植，也有别的办法，绝不会用这种笨办法。"同时，《七步诗》没有收录进《曹植集》，而是《世说新语》这部小说集记录了这件事情，而且《七步诗》的诞生和传播是与历史上的两次反曹高峰有关的。

小Q：反曹？是反对曹操吗？

姜sir：南北朝时期的曹操是一位争论比较多的历史人物，北方为少数民族统治，东晋的《汉晋春秋》里提到曹操"篡（cuàn）逆"的说法，提出将曹魏清除出中华帝统承续之列。这个观点的确对后世产生了深刻影响。《世说新语》对曹操父子有很多贬低损毁。因为《世说新语》的作者刘义庆是宋武帝刘裕的侄子，曹操当年是从汉朝刘家手中取得天下，所以，随着《世说新语》的问世，曹操奸诈的说法越来越多，而称赞他才能的却越来越少了。

小Q：确实，听完《七步诗》这个故事，感觉曹丕是挺小心眼的。

姜 sir：第二次反曹是两宋时期，曹氏父子的功绩渐渐无人提起，并被乱臣贼子的形象遮掩，南宋时期更强烈，南宋朝廷指称曹操是"当今女真、蒙古胡虏也"。正是在南宋时期，《七步诗》开始被一些曹植本集收录。在北宋时代，三国故事已成为流行的一种讲史了。《东坡志林》中关于民间听闻三国故事，这样说道："至说三国事，闻刘玄德败，颦蹙有出涕者；闻曹操败，即喜唱快。"这种反曹倾向影响着人们的思想意识，使后世的《三国演义》里尊刘贬曹成为作品的主题和思想基调。

小 Q：我又理解姜 sir 一直说的，读书要思考，读历史要思考了。

姜 sir：曹丕当上了皇帝，当刘备和孙权打夷陵之战的时候他并没有进攻任何一家，因为曹丕也没有十足的把握统一天下，所以三国依然是三国。那最后谁会统一天下呢？我们下节见。

84 司马家族的崛起

姜sir：各位同学，大家好，我就是那个人见人爱、花见花开、车见车爆胎的姜sir。

大家好，我就是那个负责问问题的小Q同学。

姜sir：上节我们说到魏、吴、蜀三分天下，那天下最后会归蜀汉的刘家、曹魏的曹家，还是东吴的孙家呢？

小Q：我觉得是曹家，毕竟夷陵之战那两家损失惨重。

姜sir：我们先了解一下司马家吧，因为最后天下归了司马家。

小Q：什么？！赶紧告诉我，发生了什么？

姜sir：简单总结就是，曹操挟天子以令诸侯，统一北方，却在赤壁之战中被周瑜击败，从此天下三足鼎立。后来曹丕取代汉朝，魏国建立；刘备在巴蜀之地称帝，却在夷陵之战被火烧连营，后诸葛亮以一人之力勉强支撑，年年征战，最终诸葛亮"鞠躬尽瘁，死而后已"。孙氏父子三代经营江东，获得当地大家族的支持，时间也算长久。

小Q：这三家都挺厉害的，怎么却归了司马家呢？

姜sir：说到司马家一定要先了解司马懿，司马懿从小博学强识，是当时有名的神童，长大后，才华更加展露无遗。可后来司马懿见东汉政权已经被曹操控制，认为曹操是汉贼，不可与之为伍，不想帮曹操，便借口自己患上了风痹症，身体不能动。曹操不相信，就决定派刺客吓唬吓唬司马懿，如果司马懿跑就是装病，如果不动就是真病。于是，在一个月黑风高的夜晚，刺客偷偷潜入司马府，出现在司马懿病床前，用剑直刺其胸，可司马懿依然一动不动。刺客继续试探，已经刺破了司马懿的衣服，司马懿身体还是没动。刺客只看到司马懿眼珠在不停地动，于是刺客停下手来，离开了。

小Q：演技还是很厉害的，但他装病曹操不会发现吗？

姜sir：曹操相信司马懿真的病了。7年后，曹操听说司马懿可以走路了，派人再次征召司马懿。相传，这次曹操连拒绝的机会都没有给司马懿，只是让部下给司马懿带了一句话："我现在需要你，你要是继续装病，我就直接抓你。"司马懿听到曹操威胁的话语，第二天就去丞相府拜见了曹操。

曹操很高兴，任命司马懿为黄门侍郎、议郎，让他陪伴在曹丕身边。但一段时间过后，曹操发现司马懿这个人不简单，是要做大事的，而且据说司马懿的长相是狼顾之相。

小Q：这怎么还和长相有关啊？什么叫狼顾之相呀？

姜sir：是指身子不动，脑袋能够完全转到背后，据说有这种奇怪特征的人内心凶险。

小Q：我试了一下，身子不动，我脑袋根本转不到后面。

姜sir：司马懿后来替曹操出谋划策，曹操通过一系列军事行动统一了北方地区。曹操大权在握后，北方进入平稳的发展阶段。在民生方面，司马懿告诉曹操要发展农业，鼓励农业生产，这条建议被曹操采纳。因此，北方地区迎来了蓬勃发展的好时候。曹操看到司马懿的治国才华，心里想过除掉司马懿，可曹丕喜欢司马懿，司马懿又非常勤政，起得早睡得晚，工作上从没有怨言，勤勤恳恳任劳任怨，曹操总不能随便就杀他。

小Q：那就要找个借口了。

姜sir：《晋书》里记录了曹操的一个梦，他梦见有三匹马同在一个马槽里吃草。

小Q：梦见了马也不至于想到了司马吧？

姜sir：三马让曹操想到了司马家，马槽让他想到了自己的曹。这不就是司马家吃掉曹家吗？所以曹操就不给司马懿

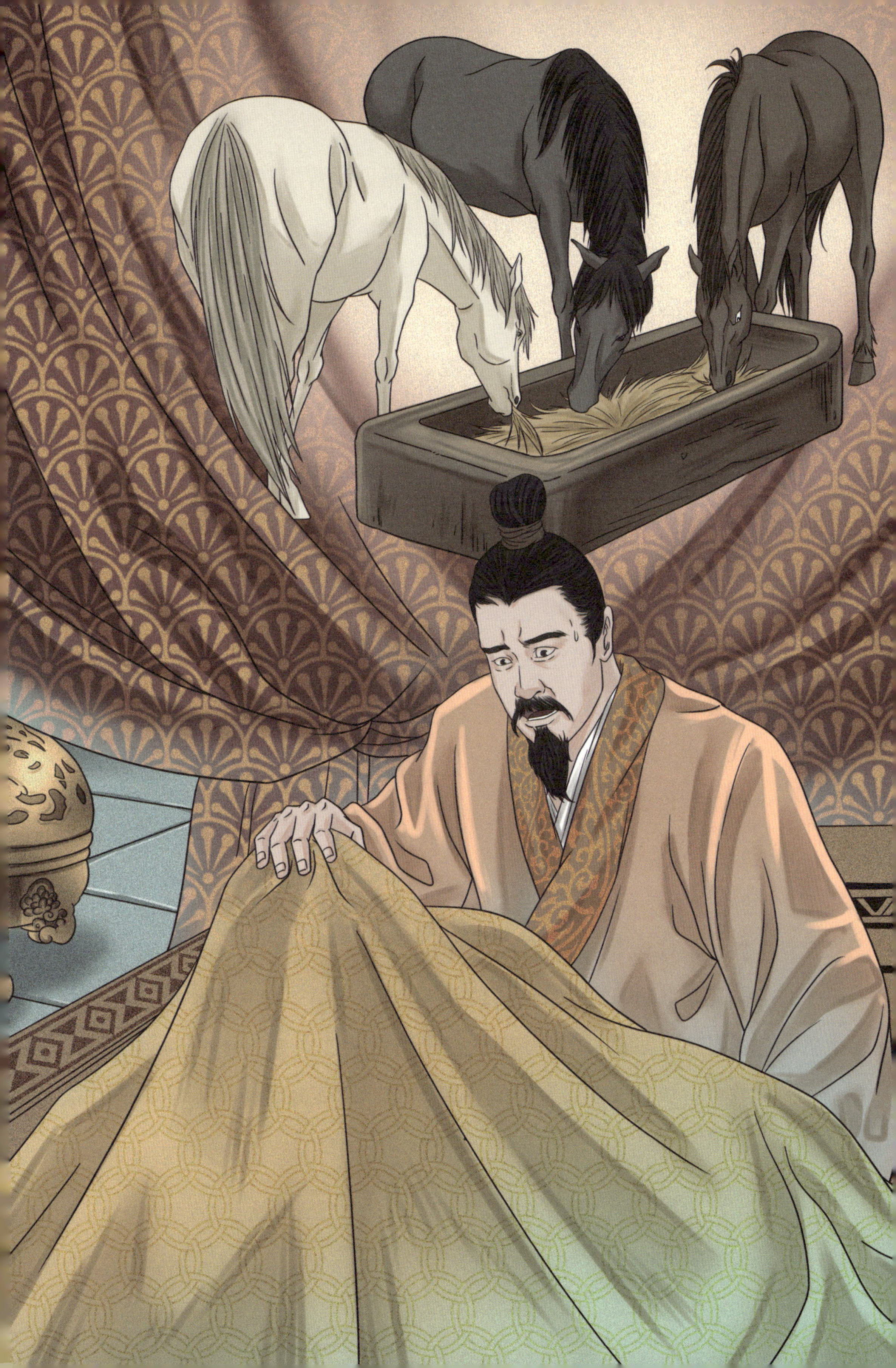

很大的权力，但后来司马懿的一番话让曹操开始相信他了。

小Q：难道是他主动和曹操说"你要相信我，我对你是忠诚的"？

姜sir：别说曹操了，你觉得你会被这样的话打动吗？当时孙权主动让曹操取代汉朝称帝，曹操虽然心里想，但不能这么做，毕竟天下还有很多人支持汉朝的，包括曹操手下很多人也不支持曹操称帝，可这时候司马懿却在这个问题上支持曹操，逐渐得到了曹操的信任，同时让司马懿辅助曹丕。

小Q：曹丕接替曹操，那司马懿可就要升官了。

姜sir：曹丕登皇帝位，史称魏文帝。登基后，他封了司马懿很大的官，甚至和司马懿说："我每天加班加点地处理国家大事，没有一点休息时间，如今给你封官，不是说要奖励你，而是要你帮我治理国家。"

小Q：这个级别好高，太重视司马懿了。

姜sir：但曹丕只当了6年皇帝就因病去世了，临死的时候，他任命司马懿帮助自己的儿子曹叡治理国家，接下来司马懿是各种立功：为魏国镇守边疆、平定了孟达的叛乱、西线对抗了诸葛亮的北伐，之后又平定了辽东公孙家族的叛乱。后来，曹叡去世，8岁的曹芳继位，司马懿继续辅助皇帝治理国家。

小Q：曹操、曹丕、曹叡、曹芳，这都四代了，司马懿活得够长。

姜sir：曹操临终前留下遗言："司马懿有大才，但是不会久居人下，要特别提防。"所以魏国的两任君主都对司马懿采用了同样的态度，用司马懿，但不信任司马懿。后来大将军曹爽掌握大权，开始控制整个国家，处处打压司马懿。司马懿干脆装病，什么事都不管了，曹爽还不放心，找人去看看司马懿是否真的生病了。你觉得司马懿会被发现吗？

小Q：不可能，年轻的时候司马懿的演技就很棒了，绝对的最佳男演员。

姜sir：曹爽听说司马懿患病，像曹操一样，派人前来查看司马懿的病情。曹爽派来的官吏，来到司马府后，看到司马懿连粥都喝不下去了，认为司马懿活不了几天了。司马懿还假装自己快去世了，要把司马师和司马昭两兄弟托付给曹爽，等到曹爽的使者回报了司马懿的病情后，曹爽才放下了戒心。249年，曹爽带着皇帝曹芳去祭拜曹氏祖先。司马懿随即发动政变，威逼太后下达命令："大将军曹爽谋反，命司马懿率军平定叛乱。"因为有了太后的诏书，加上司马懿控制了京城的军队，曹爽就擒，曹魏江山落入司马家手中。

小Q：司马家就是这样崛起的啊。

姜sir：司马家在司马懿一步一步的经营下，马上就要迎来巅峰,统一天下。三国时期那么多英雄,为什么天下最终会到了司马家呢?我们下节见。

85 "剩"者为王

各位同学,大家好,我就是那个人见人爱、花见花开、车见车爆胎的姜 sir。

大家好,我就是那个负责问问题的小 Q 同学。

姜 sir:"滚滚长江东逝水,浪花淘尽英雄。"

小 Q:姜 sir,你在感慨什么呢?

姜 sir:三国里那么多的英雄,都想夺得天下,实现统一,但争斗了大半个世纪,最后竟是司马家实现了"三家归晋"。小 Q,你觉得司马懿最大的特点是什么?

小 Q:我觉得长寿太重要了,司马懿整整辅佐了四代君主。

姜 sir:我非常同意小 Q 的说法。从东汉末年起,文人、武将都在展示着自己的才能。有郭嘉、庞统这样的超级谋臣,也有周瑜这样文武兼修的人才,还有关羽、赵云这样武力高强的将军。司马懿的综合实力并不是最高的,但人家活得长啊,所有的对手都死了,我还活着,我就是最厉害的。

小Q：再聪明的人面对生命的结束,也是无能为力的。

姜sir：小Q怎么还发出了这么沉重的感慨?

小Q：我看书看到诸葛亮去世的时候,就有了这种感觉,要是诸葛亮能多活几年,也许就成功了。

姜sir：很多历史名人都想唱那句"我真的好想再活五百年"。司马懿最大的优势就是长寿,但除了生命更长,司马懿能够取得天下,还有几个关键的性格特征。首先我给你讲一个杨修的故事。在《三国演义》第72回中,曹操出兵攻打汉中,连续战败,想进攻,却又打不进去,想退兵,又恐被别人嘲笑,进退两难。当晚,曹军大将夏侯惇来向曹操请示夜间的口令,曹操当时正在吃鸡腿,于是随口说了一句"鸡肋"。杨修当时也在军中,听到口令之后,他便开始收拾行李。夏侯惇十分惊讶,就来询问原因。杨修说："鸡肋,就是鸡的肋骨,吃起来没多少肉没什么味道,丢了又可惜,这就是曹操的内心想法,我先收拾好行李,免得走的时候慌乱。"于是军中士兵都开始收拾行李,等待撤兵的命令。曹操晚上巡查,看见这情况,听说是杨修的主意,非常生气,以扰乱军心罪将杨修杀了,这就是"杨修之死"。

小Q：感觉杨修是个聪明人,但有点儿耍小聪明,有点儿爱表现自己。

姜 sir：当然了，这只是小说里描写的，而《三国志》里描写的杨修不是一个个性张扬的人。同时曹操杀杨修也有更深层的原因。

小 Q：感觉"杨修之死"既抹黑了杨修，也抹黑了曹操。

姜 sir：三国是一个乱世，聪明的人很多，但能活下来才是最重要的。所以对比杨修来看，司马懿真正懂得深藏不露，该出手时才出手，该低调时低调到大家都能忘了他的存在。

小 Q：我觉得学习也是一样，不要会一点点皮毛，就着急表现自己，要做到真正学透、学明白。

姜 sir：司马懿在最关键的时刻，为了让曹爽相信自己病了，"懿不持杯而饮，粥皆流出沾胸"，顺着嘴往下流粥，以至于曹爽都认为司马懿活不长了，可当司马懿要夺权的时候，"嗖"地就从床上蹦下来，别说生病了，都不像个老人。

小 Q：这绝对的演技派。

姜 sir：司马懿第二个特点就是能忍，即使你羞辱我，我也不会冲动。曹操活着的时候，司马懿不敢太展现才华，毕竟曹操做过那个奇怪的三匹马的梦。而直到曹丕即位，他才真正开始施展才华。最能体现司马懿能忍的一件事，便是诸葛亮"女子衣服"的侮辱。史书记录，司马懿对付诸葛亮的方式，就是防守不出战，跟你耗着。诸葛亮为激怒司马懿出战，

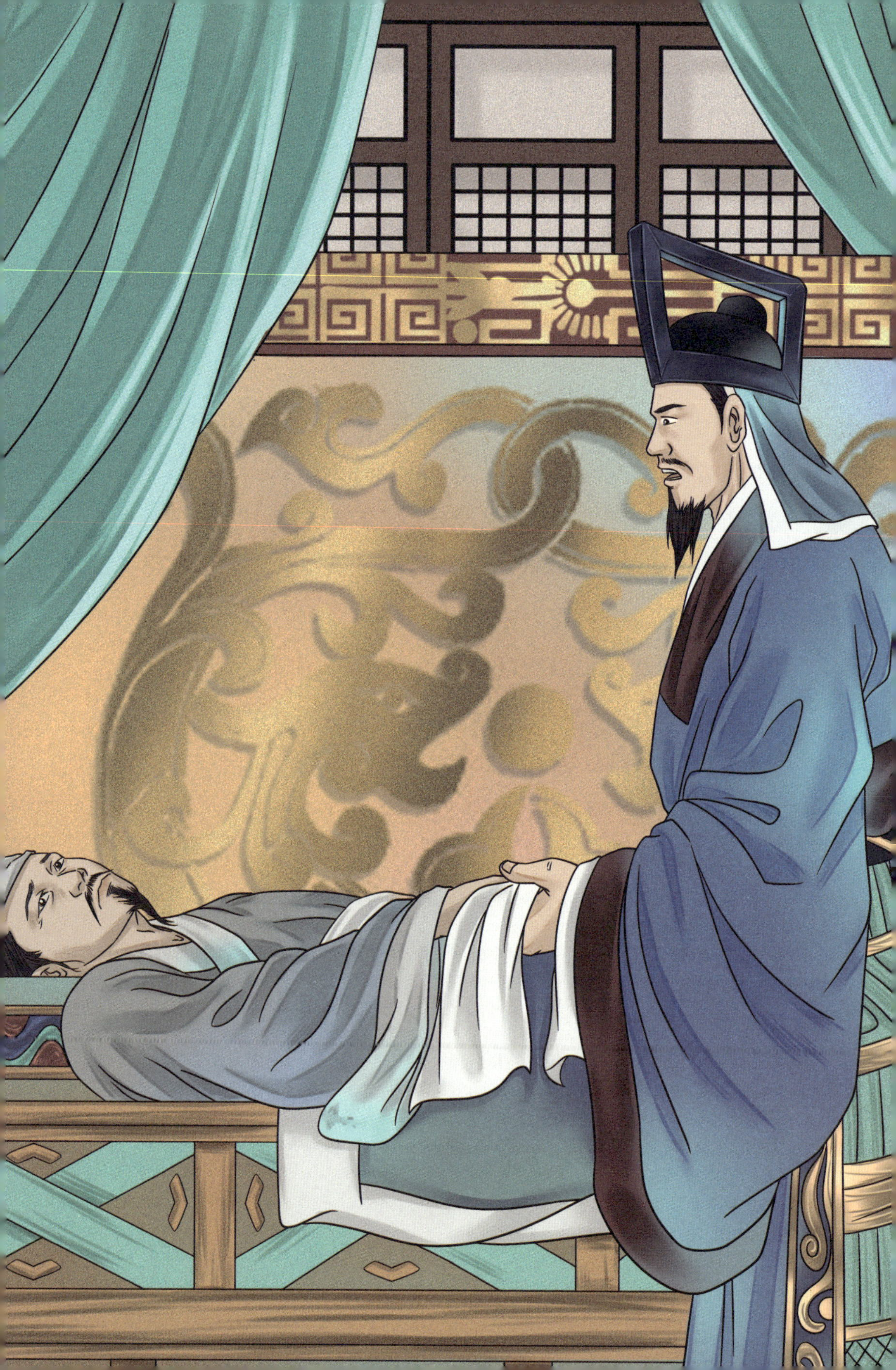

派人给司马懿送来"女子衣服"。意思就是你司马懿算不上男子汉大丈夫,这在古代可是奇耻大辱,司马懿手下的士兵都要冲出去了,可司马懿就是不出战,继续防守。

小Q: 我一直都觉得忍这件事,说起来容易,做起来难。

姜sir: 忍这件事也要分对手,司马懿面对没有他强的对手时,他不会忍,但面对强大的对手,他知道什么时候忍,什么时候出手。

小Q: 那接下来的晋朝是司马懿建立的吗?

姜sir: 不是司马懿建立的。司马懿病逝,他的儿子司马师任大将军,接替司马懿掌握了朝政大权。255年,司马师病死,他的弟弟司马昭成为大将军,再次把控了曹魏大权。司马昭更加地肆无忌惮,朝廷内外大臣都为他效命。每天上朝皇帝议政,司马昭上大殿和皇帝并排同坐。这就叫"司马昭之心,路人皆知",指野心非常明显,大家都知道他想干什么。司马昭把控朝政10年,265年病逝。司马昭之子司马炎逼迫魏帝禅让,改朝换代,建立晋朝。264年,曹魏兵临成都,刘禅不战而降,蜀汉成为三国第一个灭亡的国家。280年,晋灭东吴,三国统一。

小Q: 姜sir,你最喜欢司马懿的哪个特点?

姜sir: 三国时代多少英雄豪杰就好像流星般闪过,能在乱世走到最后,除了各种各样的特点,一定要记住,要活得长,健康长寿才是王道。天下终于统一了,可为什么却没有进入一个平稳时期,而是进入了整个中国特别黑暗混乱的时期呢?发生了什么?我们下节见。

第 9 章

分久必合的魏晋南北朝

86 短暂的 11 年和平

姜 sir：各位同学，大家好，我就是那个人见人爱、花见花开、车见车爆胎的姜 sir。

小 Q：大家好，我就是那个负责问问题的小 Q 同学。

姜 sir：上节我们说到三国结束，司马炎登基称帝，定国号为晋，建都洛阳。由此，历史进入西晋时期。

小 Q：西晋？看来还有东晋对不对？晋朝肯定也得发生点儿什么事。

姜 sir：司马炎建立晋朝的时候，就在想为什么他们司马家能夺得天下，"我们家篡权的时候，皇族都没有人和我们抗衡，不行，我不能这样，万一我们家以后也出事了，得有能帮忙的"。所以司马炎登基后不久，先后在全国建立起 27 个诸侯国，此举原本是为了保障皇权的稳固，一旦皇帝遭遇危难，这些诸侯王就可以带兵前来帮忙；之后还不断扩大诸侯王的权力，允许诸侯王在自己的封国内建立自己的军队；还取消州郡的常备武装，同时陆续用诸王统率中央兵马镇守荆、扬、关中等要害地区。

小Q：我仿佛已经知道晋朝将会发生什么了，这些诸侯王以后肯定会出事，这就是定时炸弹。

姜sir：引爆这颗定时炸弹的就是司马炎选择继承人上的失误。司马炎立的太子就是晋惠帝，晋惠帝从小就十分笨，人家上课过目不忘，他上课过目就忘。司马炎也担心这个太子难以接替自己的皇位，但晋惠帝虽然笨，却有一个聪明儿子，司马炎很喜爱这个孙子，所以，司马炎虽然知道太子能力不足，但始终没有改换人选。290年，晋武帝司马炎病逝，晋惠帝继位。

小Q：这个晋惠帝智商不够，肯定做了一些让大家不能理解的事吧？

姜sir：晋惠帝最出名的一句话就是"何不食肉糜"。有一年发生了饥荒，老百姓没有粮食吃，只能靠挖草根度日，因此饿死了很多人。很快消息传到了宫中，坐在皇位上的晋惠帝听完以后，半天说出来一句："百姓没米吃，为什么不吃肉粥呢？"

小Q：这个智商太令人担心了，这些诸侯王是不是要推

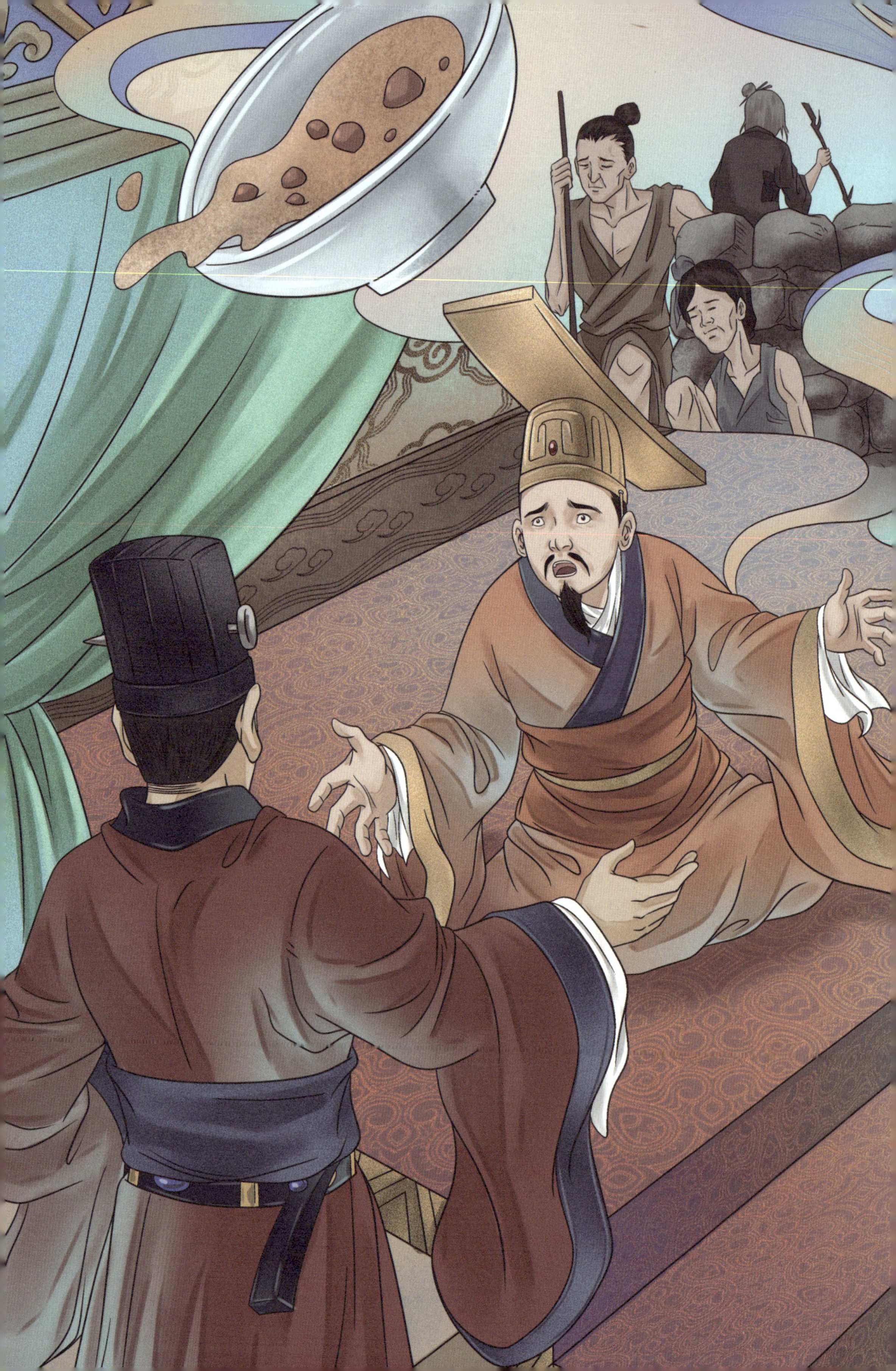

翻他？

姜 sir：晋惠帝是不可能自己治理国家的，所以得找人帮忙。

小 Q：感觉和东汉的外戚宦官循环很像。

姜 sir：所以政权落入权臣，晋惠帝的外祖父杨骏之手。杨骏在女儿的支持下，独霸朝纲。皇后贾南风为了让自己的家族掌握政权，291年与楚王合谋，发动禁卫军政变，杀死杨骏，而政权却落在汝南王手中。贾南风野心没有实现，当年6月，又让楚王杀掉了汝南王，然后诬陷楚王擅自杀害大臣，将楚王处死。接着又废掉太子，第二年还把太子给杀了，引起宗室诸王不满，从此，诸王为争夺天下，展开极其凶残的内战，史称"八王之乱"。

小 Q：八王之乱？听起来就很乱。

姜 sir：动乱共历时16年，司马氏的几十个兄弟子侄被先后卷入动乱，由于其中主要参与者是8个诸侯王，基本就是你方唱罢我登场。演出戏目很单一：先是1号忍不住了，跳出来宣布我应该是老大，没注意被2号从背后捶了几下，于是1号死了，2号取而代之，说我才是老大，结果又被3号暗算了……如此反复。目标只有一个：掌握国家大权。

小 Q：八王之乱对国家影响很大吧？

姜 sir："八王之乱"可以说是中国历史上最为严重的皇

族内乱之一。参战诸王多相继败亡，百姓被杀害者众多，社会经济被严重破坏，西晋的力量也消耗殆尽。《晋书·食货志》记载："到永嘉时，人民饥饿、迁徙，互相鬻（yù）卖（卖儿女），不可胜数；加之遇到蝗灾，各地都没有粮食，又遇到大疫，大河南北'流尸满河，白骨蔽野'。"

小 Q： 八王之乱最后是怎么结束的？

姜 sir： 东海王司马越赢下了八王之乱，司马越扶持晋怀帝即位，而这个时候，朝中大臣也对东海王非常不满，为了证明自己，司马越带病亲自讨伐匈奴汉国。可他知道自己根本不是匈奴人的对手，所以一着急一上火，病死在了军中。司马越一死，十几万晋军群龙无首全被消灭了。

小 Q： 姜 sir，这怎么又来匈奴了，还加上了"汉"这个字。匈奴汉国是什么？

姜 sir： 建立这个国家的人叫刘渊，就是当年投降的南匈奴的后代，他想做皇帝，不想做匈奴的首领，要与晋国作战，可是汉族人多，匈奴人少，为了得到更多的人支持，刘渊指出晋朝是非法的，他解释说："汉朝长期拥有天下，人民崇尚汉朝，昔年汉与匈奴和亲，我们匈奴就是汉朝的外甥。"于是，刘渊建国号为汉。

小 Q： 还有这种操作，远房表亲也算亲戚的感觉，会有人支持他吗？

姜 sir：还真争取到一部分汉族人的支持，司马越没能打下来匈奴汉国，自己却丢了性命，军队也被消灭了。至此，八王之乱算是完全终结了。

小 Q：终于结束了，对整个国家影响太大了。

姜 sir：影响最大的还在后面，司马越出征讨伐匈奴时，带走了首都洛阳的所有精锐兵力，最后都被消灭了，首都变成了一座空城。匈奴军队眼见洛阳城没多少士兵，自然是大举进攻。不久后，洛阳沦陷，晋怀帝被抓。洛阳被攻占后，晋愍（mǐn）帝于长安即位，延续了晋朝。但当时天下大乱，各地的诸侯都不帮忙。晋愍帝坚持了4年后，被匈奴击败，沦为俘虏，西晋也正式灭亡。

小 Q：哎呀，就这么结束了。那东晋是怎么开始的呢？

姜 sir：接下来的中国会进入非常黑暗的时期。西晋结束后发生了什么呢？我们下节见。

87 可怕的五胡乱华

姜 sir： 各位同学，大家好，我就是那个人见人爱、花见花开、车见车爆胎的姜 sir。

小 Q： 大家好，我就是那个负责问问题的小 Q 同学。

姜 sir： 上节我们说到西晋的八王之乱，导致晋朝的军事力量迅速衰退，如果这个时候有人侵略，小 Q，你觉得会发生什么？

小 Q： 肯定打不过啊，八王争来争去的，最后国家都被人侵略了。

姜 sir： 这段历史就叫五胡乱华。当时西晋无力抵抗，逃往了长江以南，建立了东晋政权。同时在中国北部和四川先后建立了 16 个国家，其实比 16 个还要多。建立这些国家的多数都是少数民族，人们也习惯性地称为五胡，也就是五胡十六国。

小 Q：也就是当时中国南北是分开的，对吗？

姜 sir：南方归汉族建立的晋朝统治，北方归各种少数民族统治，所以你觉得北方和南方哪面乱？

小 Q：肯定是北方乱。都怪八王之乱，让人家把北方给占领了。

姜 sir：从东汉末年开始，由于连年战乱，人口急剧减少，朝廷便推出了"移民实边"政策，让北方的少数民族搬入内地。后来爆发八王之乱，一些位于边疆的王就开始打起了这些搬入内地的少数民族的主意，让他们参与战斗，还有的王则直接联络晋朝以外的少数民族，让他们进入晋朝帮忙打仗。同时，五胡乱华并不是简单的外族入侵，十六国的开国君主当中有很多早在父辈那代就已经居住在晋朝了。

小 Q：也就是说，如果西晋没有动乱，而是平稳发展，也就不会有五胡乱华了。

姜 sir：举个例子，当时的南匈奴居住在山西北部，他们的生活方式基本上已经和汉族一样了，开始种田，而不是放牧。可当时八王里的司马颖主动拉拢南匈奴，让南匈奴替自己打仗。南匈奴一开始只是去打仗，去了一看才发现，你们自己已经把中原一带破坏得不像样子了，没什么统治能力了，这时候不起兵造反，还等什么呢？

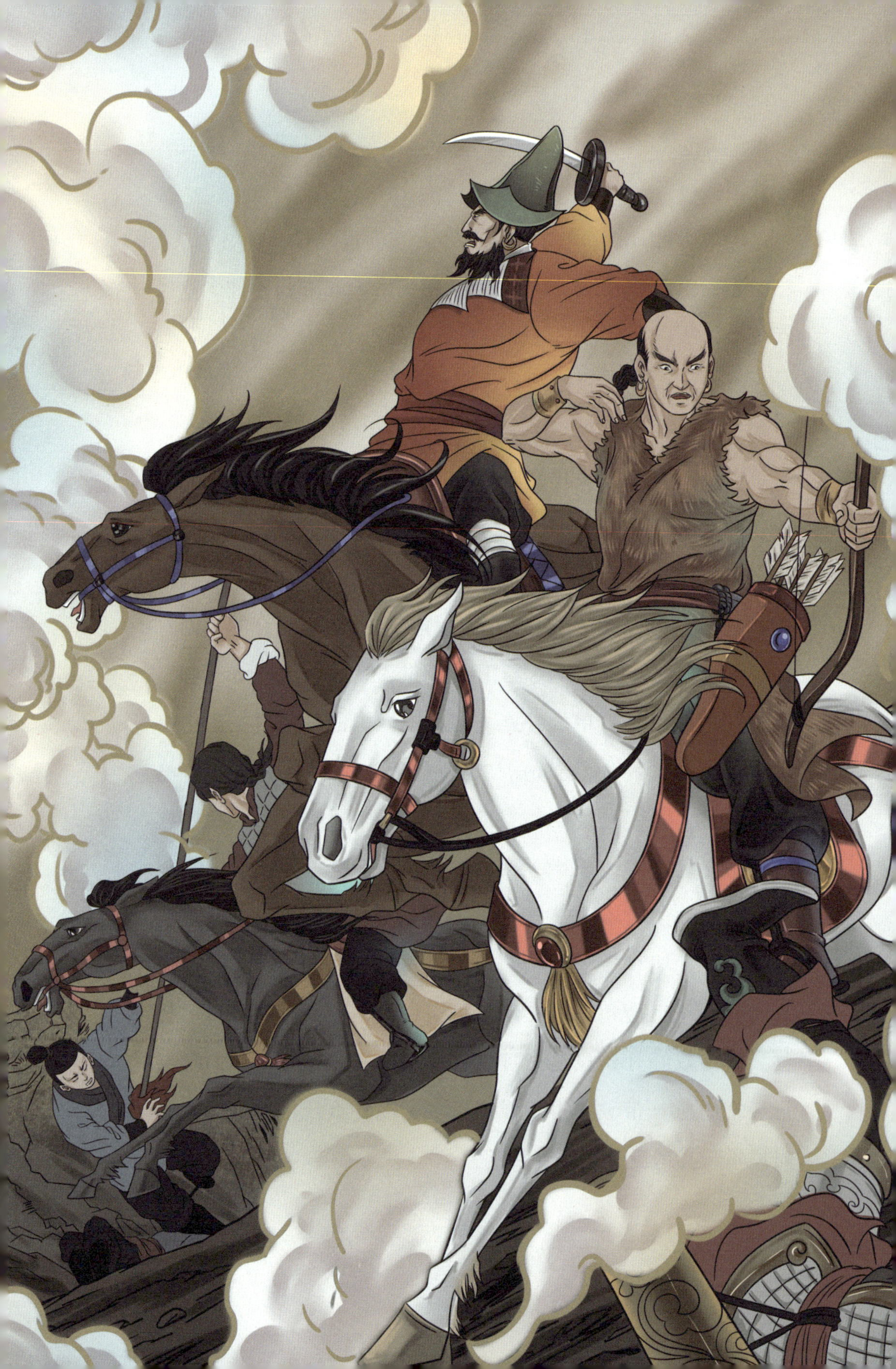

小 Q：历史的经验告诉我们，任何事情还是要从自己身上先找原因。不要总想着别人不会欺负你，不会侵略你，而应该先想着自己变好，变强大。

姜 sir：五胡之乱的首要原因就是晋朝的统治出了问题，给了别人机会。而接下来北方陷入了大混乱，第一轮混战石勒胜出。石勒几乎占领了整个中国北方，建国号为赵，史称"后赵"。

小 Q：石勒是谁？怎么没听过呀。

姜 sir：你听过黄瓜吗？

小 Q：我还吃过呢，黄瓜炒鸡蛋、黄瓜蘸酱、凉拌黄瓜我都吃过，可这和石勒有什么关系？

姜 sir：黄瓜是什么颜色的？

小 Q：绿色的，你怎么问这么简单的问题？

姜 sir：黄瓜明明是绿色的，不仅是表皮，就连里面的瓜瓤都是浅绿色的，那么它为什么不叫绿瓜，却叫黄瓜呢？

小 Q：这个我倒是没想过。

姜 sir：黄瓜是张骞出使西域带回来的，当时叫胡瓜，但石勒本身是胡人出身，他讨厌别人说他是胡人，甚至讨厌听到别人说"胡"字，所以他下令把和"胡"有关的字词话语全部改掉。于是，胡瓜就被改名为黄瓜。当然，这只是黄瓜名字起源的一种说法。

小Q：那石勒统一了北方，天下不就和平了吗？

姜sir：可石勒去世后，他的侄子石虎抢到了皇位，这个石虎被后人称作中国历史上最残暴的皇帝。接下来，小Q一定要控制好情绪。石虎为了方便行猎，把黄河以北的大片庄稼变成打猎的地方；石虎强征百姓16万多人去给他修宫殿；石虎从各地抢得13～20岁的女子3万余人。仅345年一年中，就有3000多名女子被逼得自杀，一大批家庭夫妻离散，家破人亡。石虎还有很多无法想象的其他残暴行为。

小Q：太生气了，这样的人别说当皇帝，都不应该活在这个世界上。

姜sir：石虎死后，他的儿子们开始争权夺位，抢来抢去，儿子只剩一个，最后胜出者也被杀了！由于石虎的残暴，他的民族遭到了残酷的报复，短短几年，一个曾经强大的羯族几乎从历史上消失了。而北方又陷入了大混乱，直到苻坚的出现，北方才进入了和平时期。

小Q：苻坚不会也像石虎一样坏吧？

姜sir：我个人觉得苻坚在做皇帝期间，功劳还是很大的，就是太骄傲了。人一旦骄傲，就会不听别人劝，所以打了败仗，而那场败仗太让人印象深刻了，所以很多人就只记得苻坚的失败，而忽略了他的功劳。

小Q：怎么失败了呢？

姜 sir：苻坚统一了北方，也就是前秦，这时候晋朝在南方建立了东晋，南北必有一战。谁赢，天下就归谁，苻坚拥有百分之百的优势，但竟然被打败了。为什么会被打败呢？我们下节见。

88　人多不一定管用

各位同学，大家好，我就是那个人见人爱、花见花开、车见车爆胎的姜 sir。

大家好，我就是那个负责问问题的小 Q 同学。

姜 sir：上节我们说到苻坚统治的前秦让北方进入了短暂的和平，这时候苻坚决定进攻南方的东晋，从而实现天下的统一。

小 Q：每次战争我都对双方人数感兴趣，这次不会又是以少胜多吧？

姜 sir：这场战争就是历史上著名的淝水之战。我们用三个成语来讲这场战争。第一个成语是投鞭断流。小 Q，你见过河里的堤坝吗？

小 Q：见过，能把河水给挡住。

姜 sir：投鞭断流指将所有的马鞭扔进江水中，便可截断水流。你觉得得扔多少马鞭？

小 Q：那得几十万条吧，估计都不够。

姜 sir：马鞭多，就说明马多，更说明士兵多，所以这个成语比喻人马众多，兵力强大。苻坚当时欲率百万军队南下，一举消灭东晋。有大臣反对，说："我算了一下，今年不适合南下打仗，同时东晋有长江作为阻碍，不好打。"苻坚却说："春秋时，吴王夫差和三国的东吴都守着长江，最后不也被灭了吗？我现在拥有百万大军，兵多将广，把鞭子投入长江中都能截断长江水流，有什么可怕的！"

小 Q：苻坚真有那么多人吗？不会又是夸大吧。

姜 sir：关于双方的总兵力，最早的史料见于《晋书·苻坚载记》。据记载，前秦于383年进行了全国总动员，前秦步兵60万，骑兵27万，总兵力达到87万。至于东晋的兵力，《晋书》中有两个说法，一个是7万，一个是8万。

小 Q：那人数相差也太大了，相当于11个打1个了。

姜 sir：87万只是苻坚从全国各地征集来的士兵，完全抵达淝水之战前线与东晋交战的，人数在一半左右。

小 Q：一半也有40多万，东晋也打不过呀。

姜 sir：东晋命宰相谢安指挥，令谢石、谢玄等人率8万士兵去一线抗击。11月，东晋派精兵5000大破前秦军前哨，斩前秦将军10名，歼敌1.5万人。东晋士兵带着必胜的气势，

541

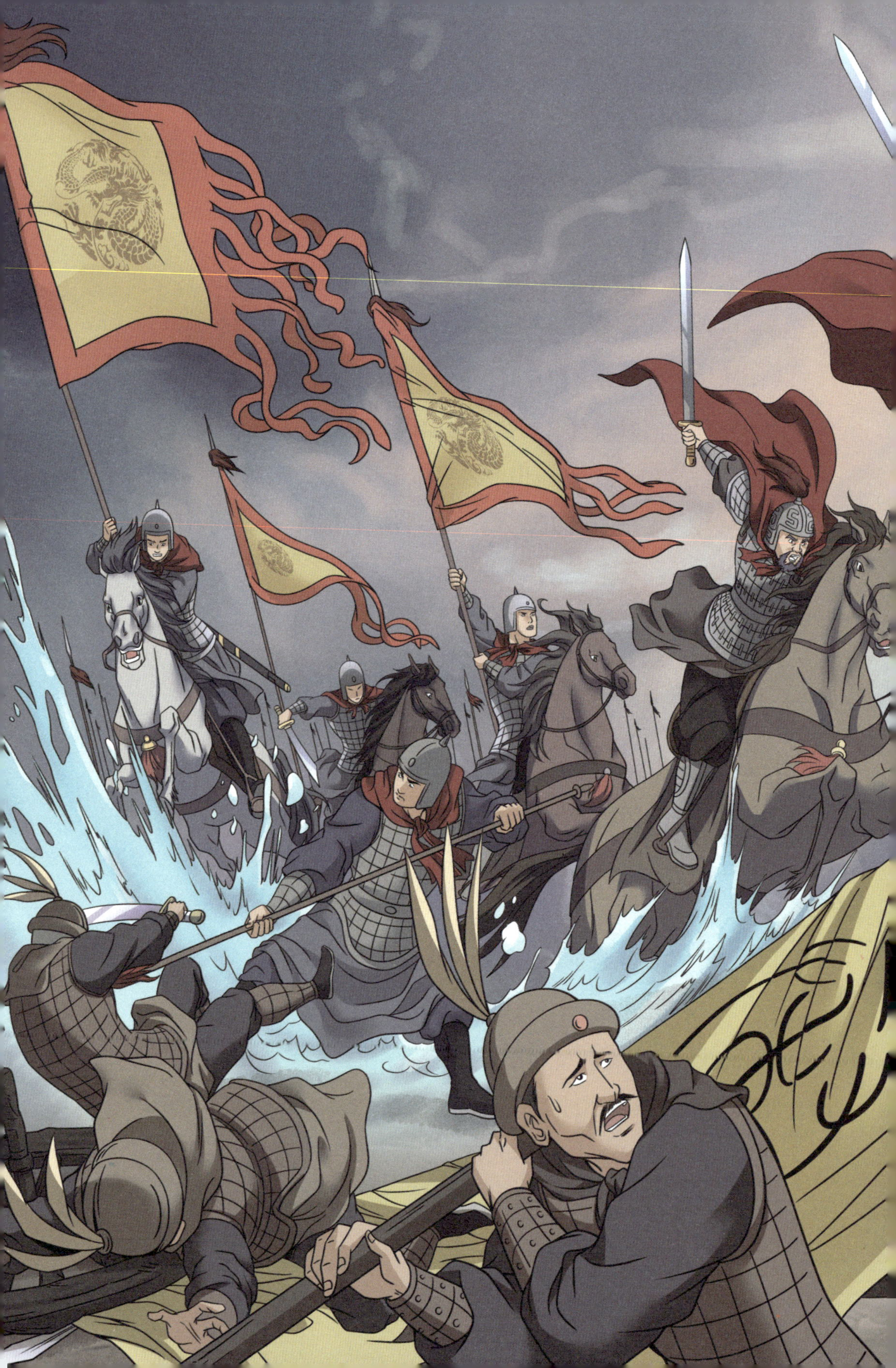

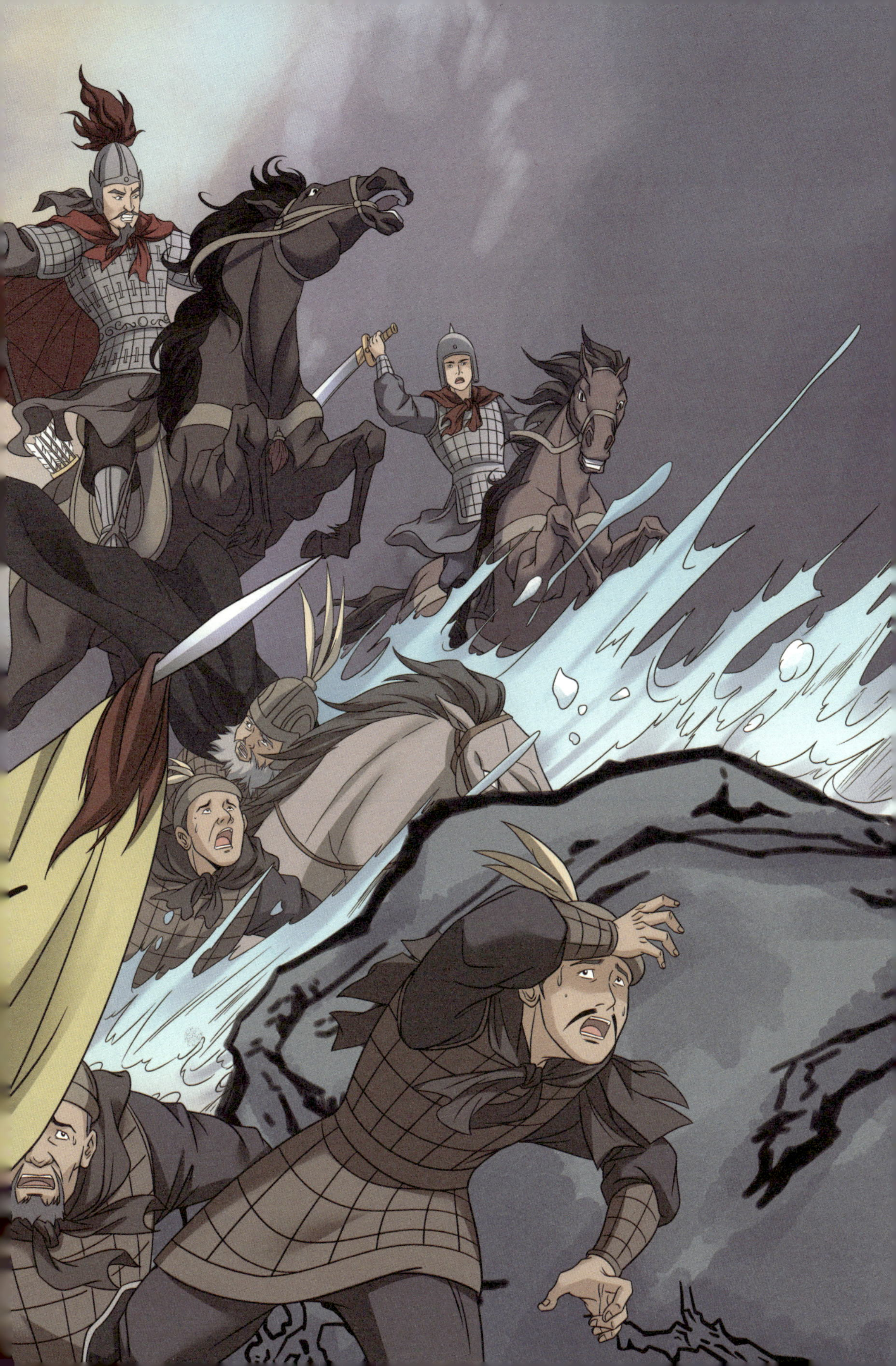

进军到淝水东岸，这时候就有了第二个成语——草木皆兵。

小Q：难道晋朝使了法术，把树木都变成了士兵？

姜sir：哪有那么神奇的法术。苻坚得知首战兵败，登上城楼，亲自观察淝水对岸晋军的动静。当时正是阴天，远远望去，淝水上空灰蒙蒙的一片。苻坚一眼望去，只见对岸晋军一座座的营帐排列得整整齐齐，手持刀枪的晋兵来往巡逻，阵容严整威武。再往远处看，对面山上，随着一阵风吹过，山上晃动的草木就像无数士兵在运动。所以草木皆兵就形容人在惊慌时疑神疑鬼。

小Q：可就算看错了，等到双方一开战，自然就知道对方多少人了，苻坚还是可以赢的。

姜sir：这时候苻坚中了对方的计谋，东晋派人和苻坚说："咱们决战吧，你把士兵往后退一点，让我们过河，等我们过了河，摆好阵势，双方决一死战，怎么样？"

小Q：听着不错，反正人多，让你过来又能怎么样？

姜sir：苻坚想等晋军过河过到一半的时候直接冲过去，才不给东晋摆好阵形的机会呢。

小Q：那东晋的计谋到底是什么啊？

姜sir：苻坚给士兵们下达后撤的命令，但几十万的军队，命令并不能准确传给每一位士兵。大家不知道是假装撤退，而晋军过河的时候就大喊着"杀啊，冲啊"，同时东晋在苻坚军队里的间谍配合着大喊,"秦兵败了,赶紧跑啊",迅速引起前秦军队的混乱,每个人都想逃跑,后撤很快演变为大溃退。所有人都不知道发生了什么,就是看旁边的人跑,自己也跟着赶紧跑。一路上听到呼呼的风声和鹤的叫声,都以为晋军又追来了,这就是第三个成语——风声鹤唳(lì),后比喻惊慌失措或自相惊扰的样子。

小Q:这军队也太弱了,完全没有统一组织,被人家大喊几声,就开始后退。

姜sir:其实苻坚的士兵本身就是从全国四处征集上来的,看似很强大,实际上没有几个人愿意真正拼命往前冲。淝水之战后,苻坚自己的兵马尽失。没有强大前秦的压制,各路将领纷纷开始独立,北方再次陷入战争的火海中。

小Q:那东晋为什么没有趁机把北方抢回来呢?

姜sir:第一,打败苻坚并不是靠着绝对压倒性的实力,北方毕竟还有很多民族的士兵都完整地保留着,收服北方不是那么容易的。第二,东晋内部也开始了斗争,争来争去,也就没有往北继续进攻。

小Q:那北方老百姓又得吃苦了,什么时候北方能再次统一啊?

姜sir:接下来我们就说说北方什么时候再次统一,同时一个伟大的人物即将出现。他是谁?做了什么?我们下节见。

89 又一次搬家

各位同学,大家好,我就是那个人见人爱、花见花开、车见车爆胎的姜 sir。

大家好,我就是那个负责问问题的小 Q 同学。

姜 sir:随着淝水之战的结束,北方又一次陷入混战,持续了 50 年之久,最终在北魏政权手上完成了统一。北魏从建国到灭亡长达 140 多年,为后来隋朝统一中国,出现隋唐大繁荣打下了坚实的基础。

小 Q:北魏有厉害的皇帝吗?

姜 sir:先不提皇帝,得先提一位女性,她死后被称为"文明太后"。

小 Q:这个称号听起来就是贡献很大的感觉。

姜 sir:她就是冯太后,整个北朝史有三分之一与她有关。

她辅佐北魏三位君王，两次亲自管理国家。她一辈子都将精力放在如何让北魏强大上，她的改革对于后来的朝代有着深远的影响。

小Q：历史上要是多一些这样的人该多好。

姜sir：冯太后制定了很多好的政策，第一个就是建立了大量的学校。

小Q：北魏原来没有学校吗？

姜sir：北魏之前的学校由私学和官学两部分构成。私学就是把老师请到家里学习，类似于家教服务。官学主要是地方办的学校，但学生人数不多。冯太后增开了大量由国家直接管理的学校，学生人数比原来增加了4倍。同时随着学校数量的增多，学生几乎都可以就近入学。

小Q：就近入学和我们现在上学的形式有点像。

姜sir：冯太后还给官员发薪水。

小Q：这算什么改革啊？每个朝代不都得给官员发薪水吗？

姜sir：北魏在建国初期有很多奇怪的规定，不给官员发薪水就是其中一个。因为北魏的鲜卑族本就是游牧民族，通过战争所获得的利益要比薪水多得多，所以北魏初期，为了鼓励将士们征战，就不发薪水了。可后期北方统一了，战争少了，没有战利品了，很多官员就开始贪污属于国家和老百姓的钱财。

小 Q：确实有必要恢复薪水，要不官员都想着自己贪污赚钱，怎么可能对老百姓好呢？

姜 sir：冯太后对北魏的影响非常大，她去世后，孝文帝接过了改革的接力棒，继续壮大北魏。孝文帝做的第一件事就是迁都，把首都从山西大同迁到了河南洛阳。

小 Q：为啥要迁都，北魏不是统治得好好的吗？

姜 sir：因为孝文帝要让游牧民族融入农耕文明，这样统治才会长久。

小 Q：鲜卑族是游牧民族，他们统治了天下，为什么还要融入以汉族为主的农耕文明呢？

姜 sir：这就是孝文帝的聪明之处，即使到现在我们汉族人口也是最多的，想让汉族这么多的人去改变生活习惯，融入游牧民族，太难了，即使是未来元朝的蒙古族、清朝的满族，最后也都逐渐地开始汉化，融入汉族，更别提去改变汉族了。孝文帝就是要将都城搬到农耕文明的中心地带洛阳，这次的迁都还会涉及两个著名的旅游文化景点。

小 Q：啊？难道孝文帝为了发展旅游业还修建了两处景点？

姜 sir：那时候和旅游没有关系，和佛教有关系，这两处景点就是现在的云冈石窟和龙门石窟。中国最早的石窟和印

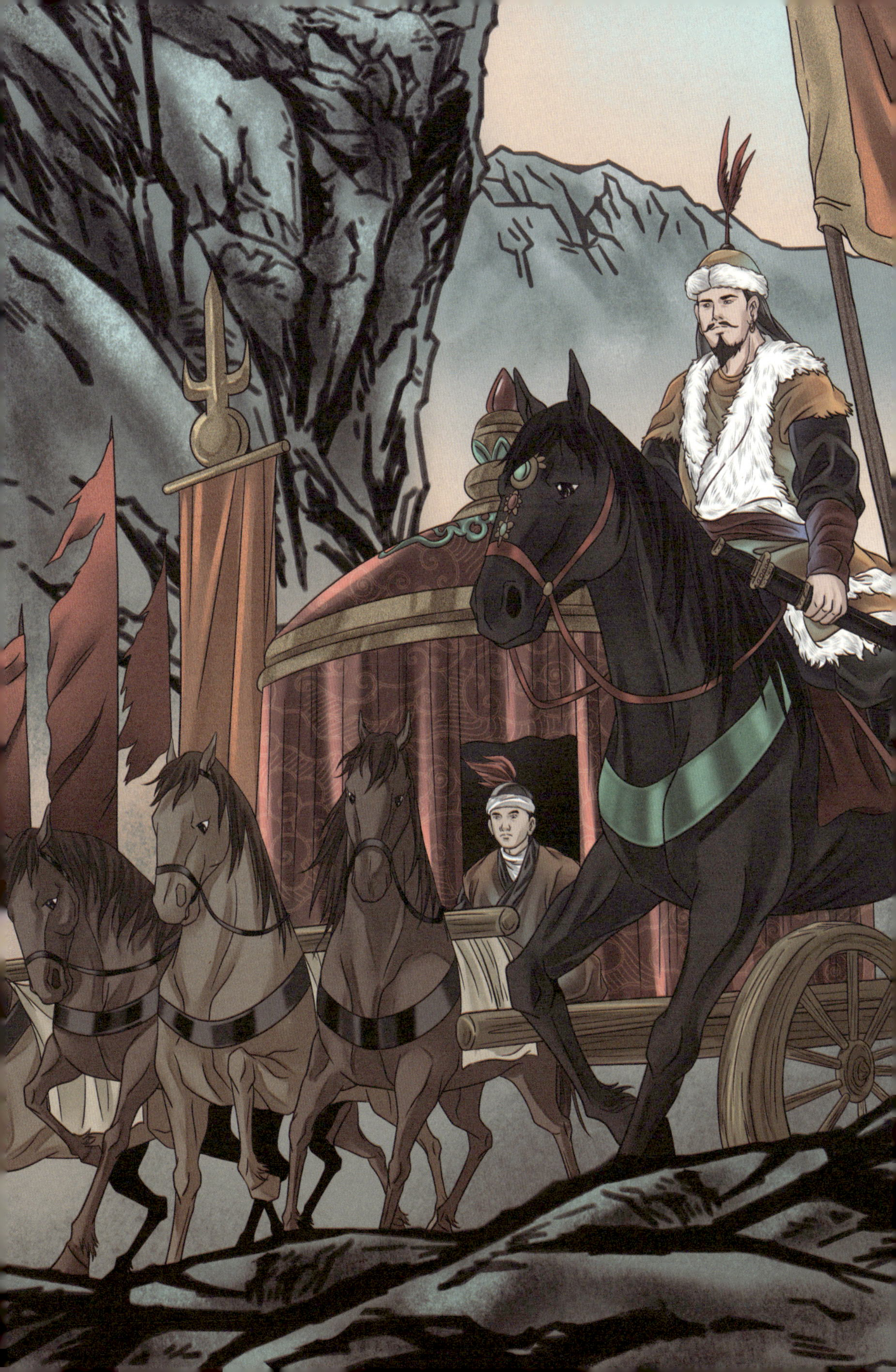

度有着直接的关系，佛教最初起源于印度。于是，人们便在悬崖峭壁上开凿石窟祭拜佛祖。

小Q：但是汉朝的时候就有佛教了，为什么到了北魏才有了这震撼的石窟呢？

姜sir：北魏众多的皇帝中，太武帝拓跋焘取得的成就最大，可是，他在统治期间实行了灭佛政策，大肆消灭僧人僧侣，烧毁佛像。452年，文成帝即位后命一名僧人主持恢复佛教，这位僧人认为佛教代代相传，要修建在山里，于是，他选择了在武州山开窟造像，也就是云冈石窟。后来孝文帝搬到了洛阳，就开始修建了龙门石窟。

小Q：我一定要去这两处石窟看一看，感受一下。那孝文帝还做了什么？

姜sir：统一改学汉语；禁止穿鲜卑族的传统衣服，改穿汉装；鲜卑族人一律改为汉姓。孝文帝将自己的拓跋改姓"元"，还鼓励鲜卑族人跟汉人结婚。

小Q：可这样下去，鲜卑族的所有特点就都没有了。

姜sir：我们来听后人对孝文帝汉化的评论，孝文帝只追求与汉文化相吻合，而忘掉了自己国家政权存在的基础，它对于中国历史进程宏观而言，无论怎样肯定都不为过。但对于北魏王朝、拓跋鲜卑前途命运而言，则怎样批评也合情合理。

小Q：我听懂了，站在整个中国历史的宏观角度，他这么做是对的，让民族融合，没有进行大量的战争、屠杀。但站在鲜卑族的角度，却让自己的民族失去了特点，批评他也是对的。

姜 sir：是的，这就是任何人做事情，都很难做到让所有人都满意，只有让时间去慢慢地证明对错。北朝到了北魏就算暂时统一了，那南面的东晋又发生了什么呢？我们下节见。

90 北方大杂烩，南方排好队

> 各位同学，大家好，我就是那个人见人爱、花见花开、车见车爆胎的姜 sir。

> 大家好，我就是那个负责问问题的小 Q 同学。

姜 sir：前几节我们已经感受到了北方的大混乱，相对于北方的乱，南方相当于稳定一点，这就叫北方大杂烩，南方排好队。

小 Q：杂烩我知道，就是形容北方很乱，那南方为什么是排好队？感觉很有秩序。

姜 sir：东晋灭亡后，在中国的南方地区相继出现宋、齐、梁、陈四个政权，和接力棒一样，一棒传一棒。当时，整个中国的南北分裂状态被后人称为南北朝。

小 Q：东晋怎么灭亡的？淝水之战不是打赢了吗？

姜 sir："旧时王谢堂前燕，飞入寻常百姓家。"这里的"王谢"指的就是东晋的王导和谢安的家族。

小 Q：他俩的家族和东晋的灭亡有什么关系？

姜 sir：王导和谢安的家族可是东晋有名的大家族。东晋一百余年的时间里，权力常年在这些大家族势力的手上，可以说这些大家族就能影响整个国家。在这些大家族中也有想自己当皇帝的，但是他们没有人能真的做到，直到一个人的出现。这个人最初并不属于这些大家族，但通过自己的一步步努力，当上了皇帝。

小 Q：还有这样的人？是谁啊？

姜 sir：这个人就是"斜阳草树，寻常巷陌，人道寄奴曾住"里的寄奴。

小 Q：还有叫这名的，听着不好听。

姜 sir：寄奴是刘裕的小名，小时候家里养不起他，就把他寄养在别人家，所以小名叫寄奴。长大后的刘裕当了一个小将领，别看官职不大，但他抓住了每一个机会。有一次，刘裕奉命率领几十人的小部队去侦察敌人的动向，不料途中碰到了几千敌军，没办法，只能拼死顽抗。在这场战斗中，刘裕砍杀敌军将近100人，等来了援军，打了胜仗。

小 Q：这个刘裕和当年东汉的刘秀很像呀，打起仗来像猛虎一般。

姜 sir："想当年，金戈铁马，气吞万里如虎。"就是形容刘裕打仗勇猛的样子。刘裕在接下来的战争中指挥得当、勇武果敢，很快就得到了重用。402 年，有一个大家族造反，成功占领了都城。那时候刘裕手里没有那么多的士兵，他的上级将军都没有抵抗，毕竟有很多士兵心里是不服气的，可这个机会被刘裕抓住了，刘裕就密谋起义，因打着恢复东晋的旗号，很多人加入了他，最后成功消灭了叛军，拥立东晋皇帝重新登位。

小 Q：我懂了，他这时候还不能当皇帝，毕竟大家是支持东晋才加入刘裕队伍的。

姜 sir：皇帝和朝臣感谢刘裕的所作所为，于是将国家大权都交给了他。你觉得这时候刘裕适合推翻东晋自己当皇帝吗？

小 Q：心急吃不了热豆腐，这时候要是着急当皇帝可能会失败。

姜 sir：刘裕想建立更大的功勋，他要收复被人抢走的土地，于是决定北伐南燕政权，在他之前的几十年时间里，东晋权臣打过南燕好多次，但都没有成功。可刘裕最终成功了，南燕被灭国。

小 Q：刘裕会不会继续收复整个北方？天下是不是要统一了？

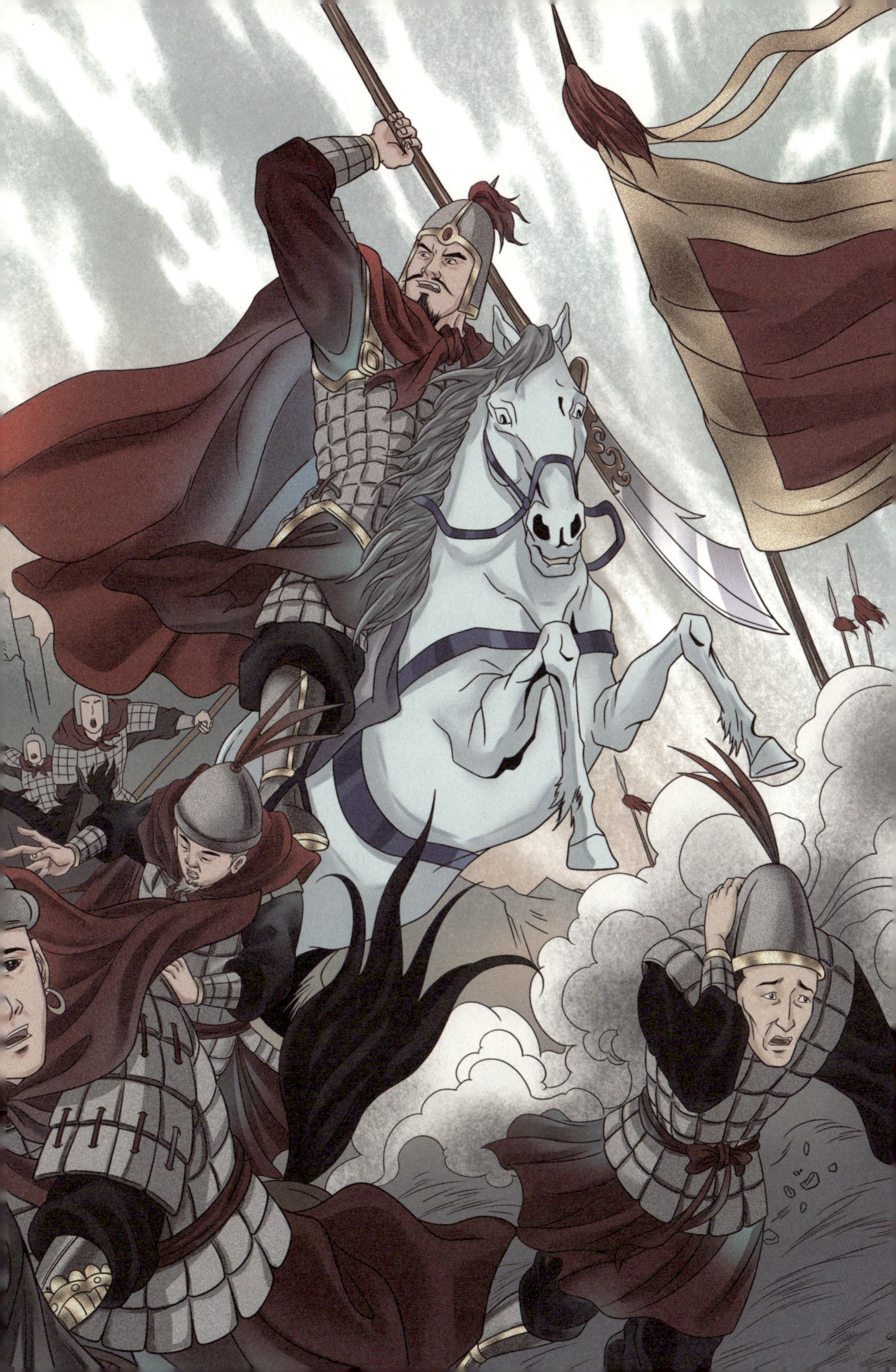

姜 sir：我们前面说了，东晋有很多大家族决定着国家的命运，刘裕在打仗的时候，国内有人起兵作乱，刘裕急忙赶回京师平定叛乱。

小 Q：真是的，不团结真的没办法做大事。

姜 sir：420 年，刘裕取代晋朝称帝，改国号为宋，东晋灭亡。

小 Q：感觉宋取代东晋还算是挺平稳的，没有发生大的战争。

姜 sir：当上皇帝后，刘裕吸取教训，不再重用那些大家族，而是重用一些出身普通但有才华的人，兵权则主要交给自己的儿子。但他儿子刘义隆，也就是后来的宋文帝不做任何计划，突然北伐，与北朝的魏国交战，反而被北魏太武帝率领的骑兵打败，短短两个月被北魏从黄河北岸打回了长江北岸，这就是"元嘉草草，封狼居胥，赢得仓皇北顾"。

小 Q：他爸爸好不容易打下来的领土就这么丢了，真是的。

姜 sir：接下来的宋孝武帝、宋明帝都是有名的暴君，所以宋被齐取代，齐吸取了宋灭亡的教训，前两个皇帝特别好，使南朝出现了一段相对稳定发展的阶段。但后面又和宋一样，争夺权力。502 年，梁取代了齐。

小 Q：真的有点像接力棒，一棒传一棒。

姜 sir：后来西魏大军突袭江陵，梁元帝身陷重围，梁元帝不甘心把众多珍贵图书献给敌人，于是便把 14 万藏书毁于一旦，史称"江陵焚书"。从数量上来说，梁元帝毁灭了传世书籍的一半；从质量上来说，他所毁的是历代积累起来的精华。在印刷术还没有普及的情况下，大量书籍只能以稿本或抄本传世，无数杰出学者的毕生心血、千百年的学术文化结晶就这样毁于一旦。557年，梁被陈取代。陈朝是南朝最后一个朝代，历经5位皇帝，存在了32年。

小Q：这南北朝的历史真是乱啊。

姜sir：虽然很乱，但乱世出英雄，乱世出奇闻，在魏晋南北朝这段历史中，出现了很多超出我们想象的事情，都有什么呢？又记录在哪本书里呢？我们下节见。

91 人物点评合集

各位同学，大家好，我就是那个人见人爱、花见花开、车见车爆胎的姜 sir。

大家好，我就是那个负责问问题的小 Q 同学。

姜 sir：小 Q，你知道什么叫点评打分制度吗？

小 Q：当然了，有时候打一些客服电话，结束的时候总会说："请您为我的服务做出评价！非常满意请按 1，满意请按 2，不满意请按 3。"

姜 sir：早在东汉初年，班固写的《汉书·古今人表》中将人分为九等，后以"九等人表"泛指各种人才。到了东汉末期，对人物进行点评的行为就非常流行了，甚至能决定一个人一辈子的前途命运。

小 Q：那这种点评总得有个标准吧，比如一个人品行怎么样？学习成绩怎么样？体育成绩怎么样？

姜sir：点评的依据以一个人的言谈举止为主，就是你的行为和说过的话。

小Q：那有没有可以参照的范本呢？

姜sir：接下来，我们就要了解一本书，这本书被称为学习名士风度的"教科书"，就是《世说新语》。同时《世说新语》所记录的内容，会让你对那个时期的人们有各种不同的了解，比如先认识一个帅哥卫玠。

小Q：长得很帅吗？

姜sir：在很多的版本里，他是中国四大美男子之一。

小Q：听过四大美女，还有四大帅哥？

姜sir：四大美男子最常见的说法是：潘安、兰陵王、宋玉、卫玠。这些男子都有一个共同的特征：才貌双全，或文学、音乐修养极高，或文治武功威震天下。

小Q：卫玠到底有多帅？

姜sir：卫玠有个舅舅，也是当时的大帅哥。舅舅每次和卫玠一起坐车，都会觉得旁边是一块洁白无瑕的宝玉，就好像有一束光打在了卫玠身上一样，于是就有了一个成语叫珠玉在侧，比喻长相帅气的人在身边。同时舅舅还感叹自己的容貌举止不如卫玠而感到惭愧，也就是成语自惭形秽。

小Q：一个人能帅出两个成语来，也是足够帅气了。

姜 sir：何止两个成语，卫玠的岳父为官清正廉洁，后人为了描述卫玠的长相美和他岳父的心灵美，又创造了一个成语叫冰清玉润，后用来比喻人的品格高尚。

小 Q：这都三个成语了，不愧是四大美男子之一。

姜 sir：还有一个成语呢，叫看杀卫玠。

小 Q：看杀？用眼睛盯着他，还能看死？

姜 sir：卫玠虽然长得帅，但是他的体质不好，经常生病，再加上他经常要从围观的人群中奋力逃出，所以就耗费了更多的精力和体力。时日一长，卫玠终于支撑不住病倒了。治疗了一段时间后，卫玠还是遗憾地离开了人世。卫玠去世后，人们都说他是被看死的，因此便有了"看杀卫玠"这个成语，比喻为群众所仰慕的人。

小 Q：粉丝太多也挺不容易的。

姜 sir：《世说新语》的容止部分一共39个小故事，表现了那个时代对人容貌、态度、举止的点评。而《世说新语》排名第一的就是德行，记录了那个时期值得学习，可以作为标准的言语行动，比如管宁割席。

小 Q："席"就是我们坐着的席子吧，为什么要割开？

姜 sir：当时管宁和华歆（xīn）同在园中锄草，看见地上有一片金子，管宁就当没看见，继续挥动着锄头。华歆却高高兴兴地捡起来，他看了一眼管宁，发现管宁还在继续干

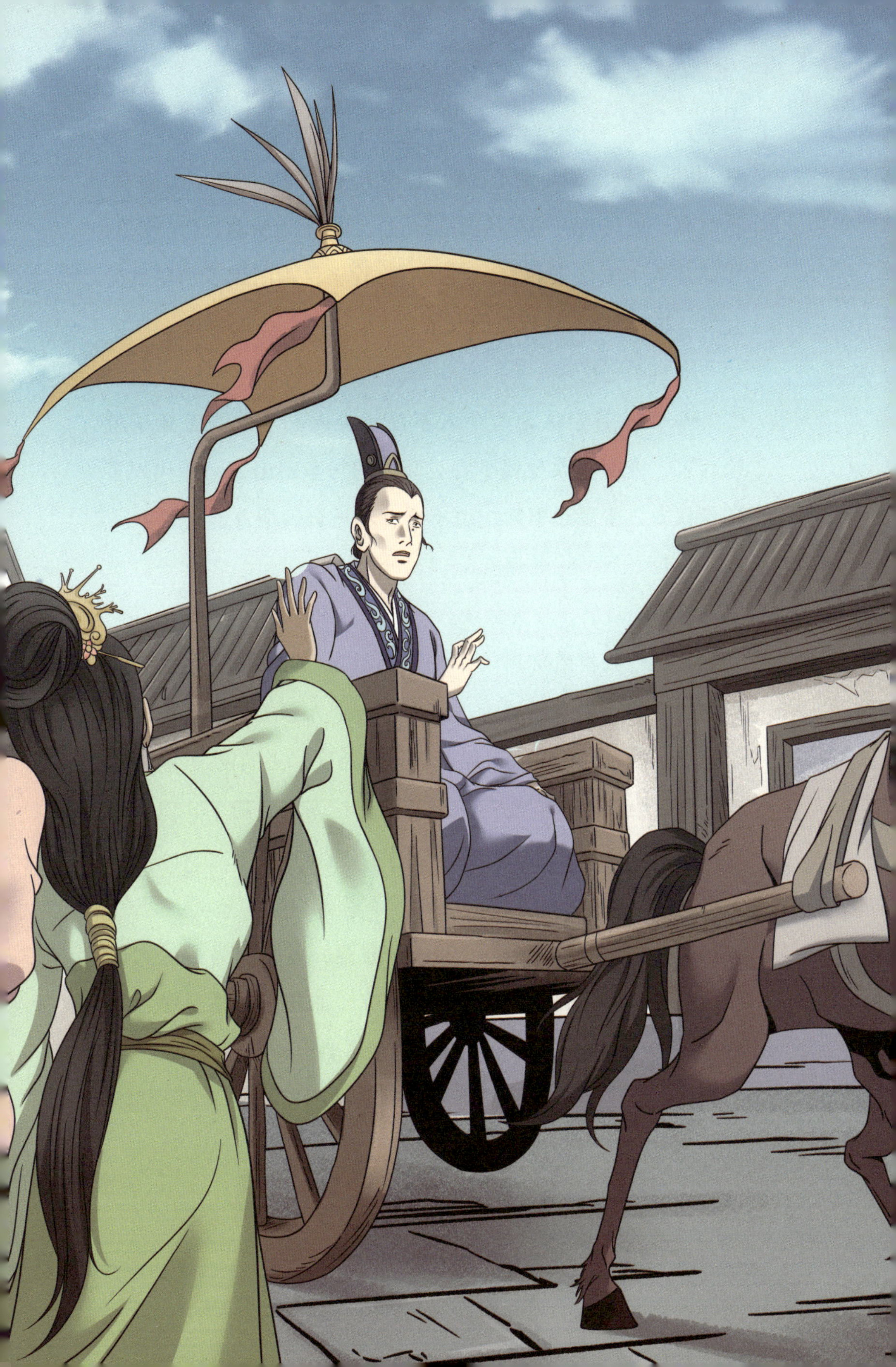

活,华歆就扔了那片金子。后来,两人坐在同一张席子上读书,这时有一辆高大的马车从门前经过,管宁不为所动,继续读书,华歆却放下书出去观看。回来后,管宁就割断席子和华歆分开坐,说:"你不是我的朋友了。"

小Q:这就断交了?为什么?

姜sir:管宁认为两个人不是一类人,华歆看见金子就捡起来,说明喜欢金钱;看见高大的马车就出去,那代表了贪慕权力。所以志不同,道不合,不适合做朋友。

小Q:管宁的观点我能理解,这个故事也是在称赞管宁不羡慕荣华富贵,不贪金钱。华歆就不如管宁了。

姜sir:我再给你讲一个华歆的故事,叫《华王之优劣》。华歆、王朗一起乘船逃走。路上有一个人想要搭船,华歆十分为难,怕因为让这人上船影响船的速度。王朗说:"船中还有地方,为什么不同意?"于是他就让人家上船了。但后来敌人追上来了,王朗就想要抛弃刚才上船的人。

小Q:这不是说话不算话吗,要不刚才就别答应人家。

姜sir:华歆就说了:"我刚才犹豫,就是因为考虑到这种情况了。可我们既然让人家上来了,难道因为情况紧急就抛弃他吗?"于是让这个人继续留在了船上。

小Q:这个故事里华歆很好啊,和管宁割席里感觉是不同的人。

姜 sir：《世说新语》对于同一个人既记录了正面的事迹，也记录了负面的行为。魏晋时大量经典的故事、流传的成语都是出自《世说新语》，比如望梅止渴、管中窥豹、肃然起敬等。书中各种各样的人物有真实存在的，也有虚构的，而另一本书的内容就完全是虚构的，是什么书呢？我们下节见。

92 奇异故事合集

各位同学,大家好,我就是那个人见人爱、花见花开、车见车爆胎的姜 sir。

大家好,我就是那个负责问问题的小 Q 同学。

姜 sir:上节我们讲到的《世说新语》属于志人小说。

小 Q:小说我明白,那什么是志人?

姜 sir:志人的"志"就是记录、写的意思,志人小说就是专门记录人物相关内容的小说。那这节我们要来讲一本志怪小说,这本小说被后人称为志怪小说的鼻祖。

小 Q:志怪就是记录一些神异鬼怪故事传说的意思,那什么是鼻祖呢?我经常看到这个词,和鼻子有什么关系?

姜 sir:"鼻祖"一词的意思是最早的创始人,某件事最早的祖先。"鼻"最初和"自"是同一个字,甚至在古代,这两个字的读音也是一样的。

小Q：原来如此，怪不得有人喜欢指着鼻子说我。

姜sir：这本书就叫《搜神记》。《搜神记》不同于以往记录鬼怪故事的作品，它最大的特点就是人参与进来了，比如"宋定伯捉鬼"。

小Q：姜sir，提到鬼，这个故事会不会很可怕啊？

姜sir：你听名字，宋定伯是个人，人捉鬼，你觉得可怕吗？

小Q：感觉没那么可怕了，还有点儿好奇？

姜sir：宋定伯年轻的时候，有一天晚上走路遇见了鬼，不认识，他就问了一句："你是谁啊？"对方说："我是鬼啊！"鬼还很有礼貌地回问："你又是谁？"宋定伯心想：不能说自己是人，万一有危险呢，于是他就骗鬼说："我也是鬼。"鬼相信了。鬼又问他："这么晚了，你要到什么地方去？"宋定伯说："我要去宛（wǎn）市。"没想到鬼竟然说："我也要去宛市，咱俩一起走吧！"

小Q：宋定伯肯定后悔，早知道说个其他地方了，这大晚上还得和鬼一起走。

姜sir：宋定伯没办法，只能一起走。走了一段时间，鬼竟然说："这么走太累了，咱俩不如互相背着走吧。"宋定伯没办法拒绝，只能说："没问题，你先背我吧。"鬼就先背着宋定伯走了一段路。鬼说："你太重了，我们鬼哪有你这么重的，你是不是鬼啊？"

小Q：完了，露馅了。这下危险了吧?

姜sir：宋定伯很淡定地回答："我刚死，当鬼没多久，所以身体比较重。"鬼就相信了。

小Q：这个鬼也太好骗了。

姜sir：接下来轮到宋定伯背鬼，几乎感觉不到重量。他们就这样轮着背了好几次。

小Q：那宋定伯占便宜了，背着空气走，还有免费的鬼背着他走。

姜sir：走着走着，宋定伯就问："我是个新鬼，没什么经验，也不知道咱们鬼有什么害怕的呢。"鬼就给宋定伯讲："咱们鬼就是怕人的唾沫。"宋定伯一听，这下心里有数了。

小Q：那宋定伯赶紧对着鬼吐唾沫，不就可以跑了吗?

姜sir：宋定伯才不跑呢，他还想让鬼背着他走路呢，走着走着，遇着一条河，宋定伯说："你是大哥，你先过吧。"鬼过了河，一点儿声音都没有。到宋定伯了，哗啦啦，哗啦啦。鬼就有疑问了："为什么有声音？"宋定伯说："我都说了，我刚死，是个新鬼，过河的方法我还不会呢。"鬼又相信了。

小Q：这个鬼真的太好骗了。

姜sir：快到地方了，免费的鬼力车也用不上了，宋定伯突然把鬼抱在肩上，抓住它。鬼大声地喊："放我下来啊，求

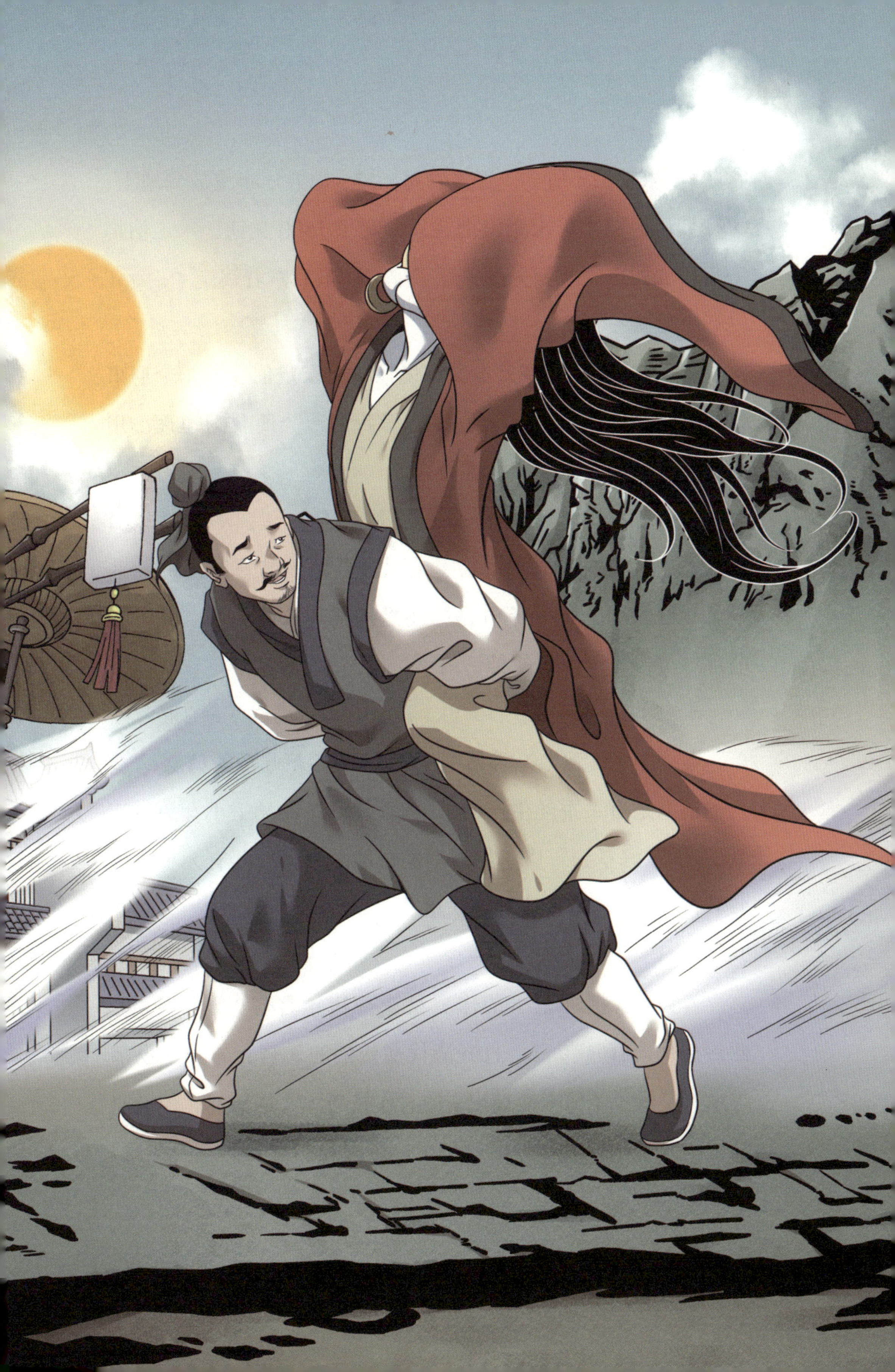

你了。"宋定伯不听，一直抓着鬼，到了地方才将鬼放到地上，鬼变成了一只羊，宋定伯把这只羊卖了1500文钱。宋定伯担心鬼再变回来，就朝鬼身上吐了唾沫，最后拿着钱走了。

小Q：哈哈哈，没想到是这个结局，人还把鬼给卖了。

姜sir：这个世界上本没有鬼怪，而宋定伯就是一个遇事沉着、勇敢，有智慧的人，也告诉我们一个简单的道理：用自己的胆量和智慧能够战胜一切。

小Q：我懂了，很多时候的害怕都是自己在吓唬自己。

姜sir：《搜神记》记录了从远古开始到魏晋时期的一些神话鬼怪故事。全篇不管是神还是怪都和人有关系，并没有写那些类似开天辟地的神话故事。

小Q：那除了宋定伯捉鬼，还有其他有名的故事吗？

姜sir："盘瓠(hù)神话"是关于古时始祖起源的猜测。"蚕马神话"是有关蚕丝生产的。"紫玉传说"讲吴王小女的生死爱情。"东海孝妇"讲孝妇周青蒙冤的故事。一共有大小故事454个，都在这本《搜神记》里。

小Q：这么有意思的小说，作者是谁？

姜sir：《搜神记》的作者是东晋初年著名史学家干宝。此后历代志怪、传奇，直到清代蒲松龄的《聊斋志异》也都继承和发扬了干宝《搜神记》的写作技巧和文采韵味。但《搜神记》到了宋代大部分就散失了。今天我们看到的《搜神记》

是 1979 年中华书局从明朝胡元瑞的《法苑珠林》以及其他各类书中辑录而来的。

小 Q：从东汉末年到南北朝,虽然很乱,但《世说新语》《搜神记》这样的文学作品还是很精彩的。

姜 sir：不仅仅有小说,还有可以唱起来的民歌和精彩的花木兰替父从军的故事。我们下节见。

93 不同的南北朝民歌

各位同学，大家好，我就是那个人见人爱、花见花开、车见车爆胎的姜 sir。

大家好，我就是那个负责问问题的小 Q 同学。

姜 sir：前两节我们对志人志怪小说有了初步了解，今天我们来了解一下民歌。小 Q，你觉得南北朝由于当时分裂的情况，南朝和北朝的民歌风格会一样吗？

小 Q：肯定不一样，北面比南面乱。

姜 sir：南北朝民歌虽然是同一时代的作品，但由于南北长期分裂，文化、民族、环境也都不一样，所以南北民歌也出现了不同的特点。比如南朝和汉朝一样设有乐府机构，专门负责收集民歌。

小 Q：乐府不是诗歌吗？我听过书上说乐府诗，怎么成机构了？

姜 sir：乐府，原本是古代音乐机构的名称，在秦朝时期就已经开始设立。汉朝的文帝、景帝时期也设有乐府机构，汉武帝时期开始正式成立乐府机构，任命音乐家李延年大规模收集民间歌谣。

小 Q：我怎么感觉和《诗经》有点儿像。

姜 sir：小 Q 联系得非常好，有学者曾经说过"《诗经》是汉代以前的乐府，乐府是周以后的《诗经》"。后人把这些来自民间的作品统一叫作汉乐府。

小 Q：乐府机构收集上来的民歌，就叫汉乐府，那汉武帝为什么喜欢收集民歌啊？

姜 sir：有位著名学者叫茅盾，他曾经说过，"收集诗歌的官员实际上就是一个到处搜索情报的人，情报就是诗歌。皇帝看到这些情报就知道人民的思想情况，就可以考虑在治国政治上采取措施"。

小 Q：我懂了，乐府诗都是老百姓的一些内心想法，收集诗歌就可以方便皇帝了解老百姓的内心。

姜 sir：所以南朝有专门的乐府去收集民歌，留存总数近500首，但和能反映老百姓社会现实的汉乐府民歌不同，南朝民歌的内容大多是表现男女爱情的情歌，并且绝大多数是以女子口吻叙述的。

小Q：是不是听起来像一个女孩在表达我想你，我爱你的诗歌？

姜sir：就是类似这种，但很多不会像小Q这样直接，而是很委婉地表达，尤其是善于运用谐音双关。

小Q：什么是谐音双关？

姜sir：就是我写了一个字，但我其实想表达和这个字读音很像的另一个字。我们试一下，比如刘禹锡的诗歌，"东边日出西边雨，道是无晴却有晴"。你觉得"晴"这个字其实想说哪个字？

小Q：难道是感情的"情"？

姜sir：对，表面看起来是在说到底是不是晴天，其实是在问，你对我有没有感情？这就叫一个字说两种内容。

小Q：这要是没点儿文化，还真听不懂另外的意思，换作我还真以为问我天气呢。再猜一个。

姜sir：我写蚕在吐丝，这个"丝"想说的是哪个字？

小Q：思念的"思"。

姜sir：你怎么猜出来的？

小Q：南朝民歌大部分都和爱情有关，一猜就知道了。

姜sir：这就是南朝民歌的委婉含蓄，也是因为南朝民歌产生于繁华的城市，都是女子们演唱的小曲，比如《西洲曲》是南朝乐府民歌中最长的抒情诗篇，被视为南朝乐府民歌的代表作。诗里写了一位女子对心爱之人一别之后刻骨铭心的相思，讲述了一场平凡而美丽的爱情故事。而北朝民歌就不一样了，游牧民族战争不断，所以虽然也有写爱情类的民歌，但更多的还是描写战争和生活的苦难，比如最经典的《木兰辞》。

小Q：是花木兰替父从军的故事吗？

姜sir：有一天，花木兰家中收到了征兵的通知，要花木兰的父亲去当兵。但父亲年龄大了，没办法上战场打仗，花木兰没有哥哥，弟弟又太小，于是花木兰决定打扮成男孩的样子替父亲参军打仗。花木兰凭着一身好武艺，在军队12年，立下了很多功劳。战争结束后，皇帝要奖赏她，但花木兰什么都不要，就想回家。回到家后，花木兰换上女装，梳好头发，战友们才知道花木兰原来是女的，都感到十分惊讶。

小Q：对对对，这个故事还被拍成了电影、电视剧和动画片。

姜sir：这就是北朝民歌《木兰辞》，也叫《木兰诗》，里面有很多名句。可花木兰是真实的历史人物吗？

小Q：这么经典的人物应该是真的吧。

姜sir：花木兰最早并不是出现在历史书籍里，而是在北朝民歌《木兰辞》里，同时北朝没有专门设立乐府机构去收集民歌，很多是传入南朝被收集起来的。同时《木兰辞》最早出现在作品中，也是到了几百年后的宋朝写了一本《乐府

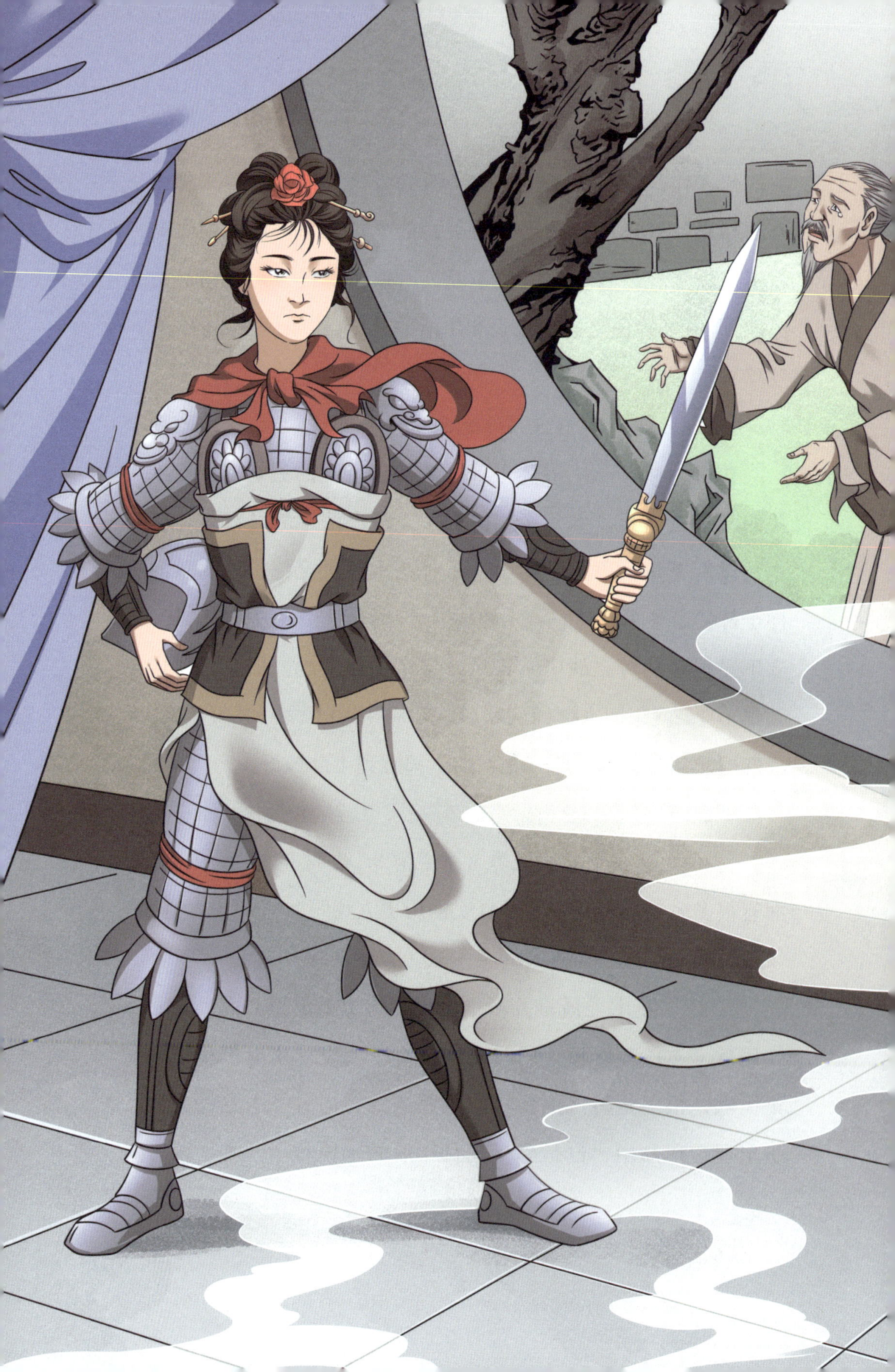

诗集》里面标注了是北朝民歌。而《木兰辞》里只是叫木兰，花木兰的"花"也是在明朝才给加上的，甚至明朝还加上了花木兰最后结婚的结局，所以对于花木兰的争论一直都存在。

小Q：也许有一天有新的文物出土了，我们对花木兰的了解可能就更多了。

姜sir：南北朝民歌虽然风格内容不一样，但确是《诗经》《汉乐府》之后民歌创作的又一次高峰，对中国诗歌的发展做出了重要的贡献。

小Q：我本以为这么混乱的魏晋南北朝，不会有太多文学产生了，现在一看，无论是小说还是民歌都很精彩。

姜sir：还有一个超级有名的大文人还没出现呢。他可是被称为从汉朝到魏晋南北朝800年最伟大的诗人。他是谁呢？我们下节见。

94 采菊东篱下

各位同学,大家好,我就是那个人见人爱、花见花开、车见车爆胎的姜 sir。

大家好,我就是那个负责问问题的小 Q 同学。

小 Q:上节的最后,你说有一个人是 800 年间最伟大的诗人,是谁啊?评价这么高。

姜 sir:这个人长期过着隐居生活,他的诗传下来 120 多首,诗中大多数描写了优美的田园乡村风光,写的都是那种饮酒弹琴、读书写诗、耕种赏景的生活,表达了对这种宁静生活的热爱。在他之前,没有一个人能把这类诗歌写得如此生动。

小 Q:他到底是谁啊?

姜 sir:苏轼说"吾于诗人无所甚好,独好渊明之诗。渊明作诗不多,然其诗质而实绮,癯(qú)而实腴(yú)。自曹、刘、鲍、谢、李、杜诸人皆莫及也"。意思是在诗人中没有谁是我非常喜爱的,我唯独喜爱他的诗,他作诗不多,他的诗虽然看上去朴质,但实际上华美得很,看上去很瘦,但实际上肥美得很。即使是曹植、刘桢、鲍照、谢灵运、李白、杜甫众位诗人都赶不上他。明朝唐顺之更把这个人的诗称为宇宙间第一等好诗。

小Q:这个人到底是谁啊?

姜sir:他就是陶渊明,东晋末期南朝宋初期大文学家。还有的版本说他的名字叫陶潜,字渊明。

小Q:陶渊明受欢迎是因为他写了很美的田园风光诗吗?

姜sir:找一处山间,没有网络、快递、超市,菜需要自己去种,饭也需要自己生火做,与世隔绝,这个世界上发生什么都基本不知道。你觉得这样的生活美不美?

小Q:我还是挺喜欢这种生活的,很悠闲,但偶尔度假可以,长年的生活我坚持不下来。

姜sir:陶渊明做到了。为什么陶渊明被后人如此推崇?因为他完全遵从自己的内心,想过什么样的生活就去过,外界的事情根本打扰不了他。

小Q:那他就一直没当过官吗?从小就喜欢过这种隐居悠闲的日子吗?

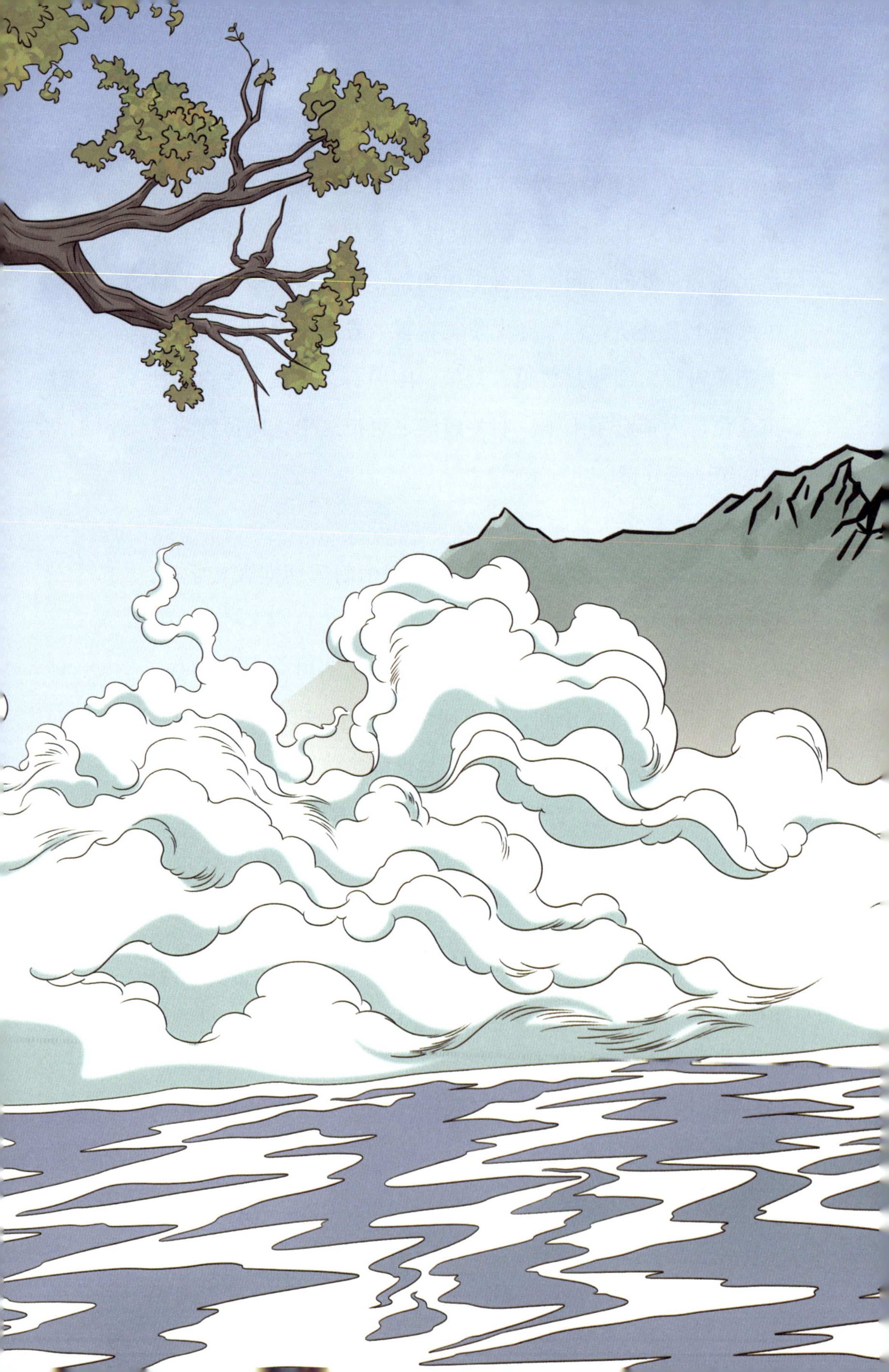

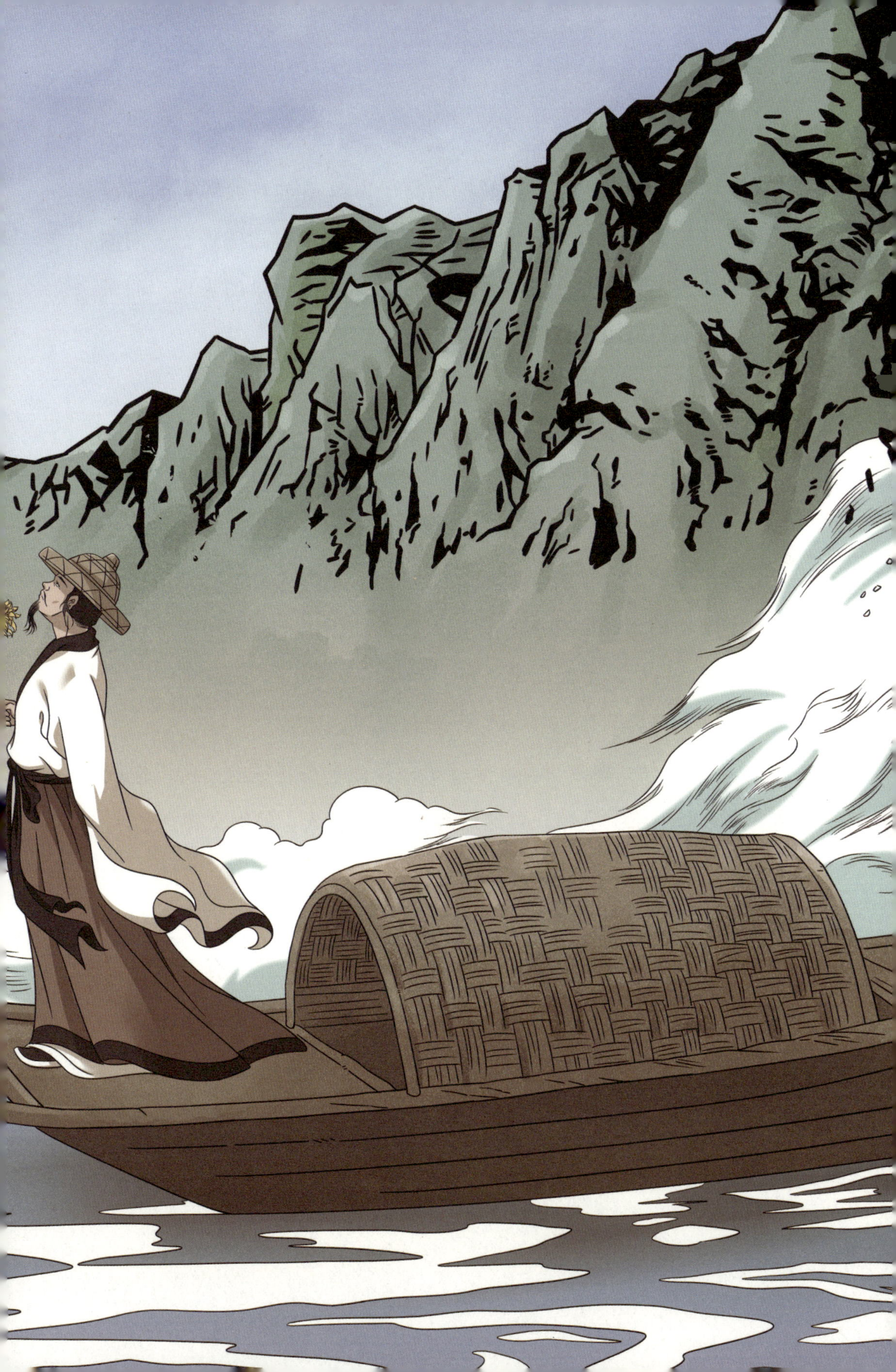

姜 sir：他 20 岁就开始做官了，只不过对他做官的事没什么记录。江州刺史起兵造反要消灭皇帝身边的昏官，陶渊明也参与了，这一段陶渊明并没什么值得记录的表现。后来陶渊明的妈妈去世了，他回家守孝 3 年。

小 Q：3 年过去就可以回来当官了吧？

姜 sir：后来陶渊明投奔了另一个人，刘裕。

小 Q：就是"金戈铁马，气吞万里如虎"的那位？

姜 sir：投奔刘裕后，陶渊明发现刘裕也想当皇帝。他又去投奔了另一个将军。可这个时候，东晋灭亡了，刘裕建立了南朝的宋。陶渊明一看，天下太乱了，干脆隐居吧，就辞官了。可后来他又出来当官了。

小 Q：是有人像三顾茅庐一样请他了吗？

姜 sir：陶渊明有 5 个孩子，养孩子得花钱的，所以他就在彭泽当了个县令，可这一次干了 80 多天，他就又辞官了。

小 Q：这次又是因为什么？

姜 sir：上级来检查工作，这个上级就是个贪官，每到一个地方都要吃喝玩乐。可就是这样的官员，竟然有人提醒陶渊明：我们要穿戴整齐、准备好礼物，恭恭敬敬地迎接人家。你觉得以陶渊明的性格会同意吗？

小 Q：别说陶渊明，我也不愿意。

姜 sir：陶渊明一听就生气了，我改变不了这个世界，但我可以坚持做我自己，我不干了。于是他写了一封超级有名的辞职信《归去来兮辞》。所以在《晋书·陶潜传》里也就有了"不为五斗米折腰"的成语，因为当时陶渊明说自己宁可饿死，也不愿为了这五斗米的官俸去向那种势利小人鞠躬作揖。这个成语后比喻为人清高，有骨气，不为利禄所动。

小Q：我觉得陶渊明还是很任性的，不是每个人都能想去做什么就去做的。

姜sir：隐居生活可不是度假，在没有农药化肥和拖拉机、抽水泵等先进设备的古代，种田是很辛苦的。陶渊明连基本的农业知识都不会，叫"农人告余以春及"，意思就是春天需要播种了，还得农民邻居提醒他。

小Q：那他能种出粮食吗？5个孩子吃啥啊？

姜sir："种豆南山下，草盛豆苗稀。"最后田里的杂草比庄稼还多。有一年，陶渊明家里失火，居住的茅草屋被烧了，只能住在渔船上，最后甚至穷得连饭都吃不上，只能出门乞讨。

小Q：这么惨，那还不去当官？

姜sir：后来多次有人请他做官，但陶渊明都拒绝了。

小Q：为什么啊？生活这么苦，怎么不去啊？

姜sir：这就是陶渊明被后人喜欢的原因，日子是很穷，但是每天写写诗，跟朋友喝喝酒，过得开心就好了。他还写下了自祭文，想象自己死后亲友祭奠自己的情形，还对自己的人生做了总结，大意就是：

我家境贫困，

常常连饭都吃不上，冬天还穿着夏天的衣服。

可我仍怀着欢快的心情去山谷中取水，

边背着柴火走，边唱歌。

我可以看书弹琴，

冬天晒太阳，

夏天沐浴清泉。

认真地去种田，心中总是悠闲自在。

这是我喜欢的生活，我过得很快乐。

人这一辈子，每个人都恐怕自己不能有所成就。

可我不同，我喜欢现在的生活，

如果现在死去，我也没什么遗憾。

小Q：我觉得陶渊明最值得我学习的除了诗歌，就是他不按照别人的想法生活，而是活出了自我。

姜sir：陶渊明选择了自己最喜欢的生活方式，无论多苦多累，都不后悔。他选择了山水田园，也成就了中国山水田园诗。小Q，你猜陶渊明的诗在当时他那个年代受欢迎吗？

小Q：我猜那种乱世很难有人喜欢这种诗歌吧。

姜 sir： 陶渊明的诗在南北朝时影响不大，主要是从唐宋时期开始出名。了解了陶渊明，我们也即将结束魏晋南北朝的这段历史，最后是谁统一了天下呢？我们下节见。

95 终于统一了

各位同学,大家好,我就是那个人见人爱、花见花开、车见车爆胎的姜 sir。

大家好,我就是那个负责问问题的小 Q 同学。

姜 sir:南面,经东晋、宋齐梁陈接力棒一样传递着;北面,经十六国,后有北魏分裂为东魏和西魏,后来北齐取代东魏,北周取代西魏,最后北周灭北齐。大杂烩一样的北方统一了,中国分裂近 300 年的南北朝时期就结束了,隋朝就要统一天下了。

小 Q:怎么又来了个隋朝?不是就剩北周和陈了吗?

姜 sir:我们来了解一下杨坚是怎么统一天下的。当时北周已经统一了北方,杨坚的女儿当了皇后,北周的皇帝为了吃喝玩乐竟然选择退位,将皇位交给了年仅六七岁的孩子。

小 Q：还有这么不负责的皇帝，让那么小的孩子去管国家。

姜 sir：辞职的这个皇帝当上了太上皇，整天吃喝玩乐，导致身体越来越差，22 岁就去世了，留下个小皇帝治理国家。面对一个不到 10 岁的小孩子，杨坚非常轻易地就控制了所有权力。此刻摆在杨坚面前的有两条路——一条路是学习曹操，等自己死后让儿子当皇帝；另一条路就是代替北周，自己当皇帝，但又害怕引起动乱。

小 Q：皇帝不是杨坚的外孙吗？姥爷还能抢外孙的皇位吗？

姜 sir：小皇帝并不是杨坚女儿生的孩子，是另一位皇后生的，所以只是杨坚名义上的外孙，没有血缘关系。就在杨坚犹豫的时候，他的手下用各种理由劝说："各地都出现了奇异的天气，都是在暗示要有新的皇帝出现了，您就应该当皇帝。"甚至杨坚的出生都被这样描写："当年出生的时候头上冒着紫气，头上长着角，身上有龙鳞，简直就是真龙天子，您不当皇帝谁当啊？"

小 Q：就差说头上写着"皇帝"俩字了，就等着杨坚同意了吧？

姜 sir：他不能直接同意，得推辞一下："我不会当皇帝的。"然后大臣们不干："您一定要当皇帝。"这样推辞了几次，最后还得让小皇帝禅让给他皇位，大家看啊，这可不是我抢来的，是他给我的，我没办法才接着的。就这样隋朝建立了。

小Q： 这杨坚演技不错啊，还弄成别人禅让给他的。

姜sir： 这就是天下我要，面子我也要，北方已经归我了，还剩南方的陈朝。而陈朝现在的皇帝就是著名的昏君陈叔宝，整天就知道吃喝玩乐，你猜一下，最后能挡得住隋朝的大军吗？

小Q： 估计隋朝没费什么工夫就统一了天下吧？

姜sir： 588年，隋文帝杨坚列举陈叔宝20条罪行，8路大军合计51万杀向了陈国。陈叔宝知道后，急忙召集文武百官。有大臣建议立刻给前线派军队抵抗隋朝。

小Q： 这不是正常的思路吗？难道还能眼看着敌人打过来，不派兵吗？

姜sir： 但还真有人反对，说："马上就要元旦了，皇上要去祭祀，按照惯例，身边是要有军队显示威风的，现在把大军派出去了，威风不就没了吗？"

小Q： 我的天啊，都什么时候了，还考虑这个。

姜sir： 陈叔宝虽然昏庸，但是也懂点儿军队的事，就说："等打完仗，士兵们回来再参加祭祀不就行了吗？"可没想到大臣说："不行，那样做会让敌人知道我们没有那么多士兵才调来调去的，这就暴露了我们的实力了。"陈叔宝觉得有道理，

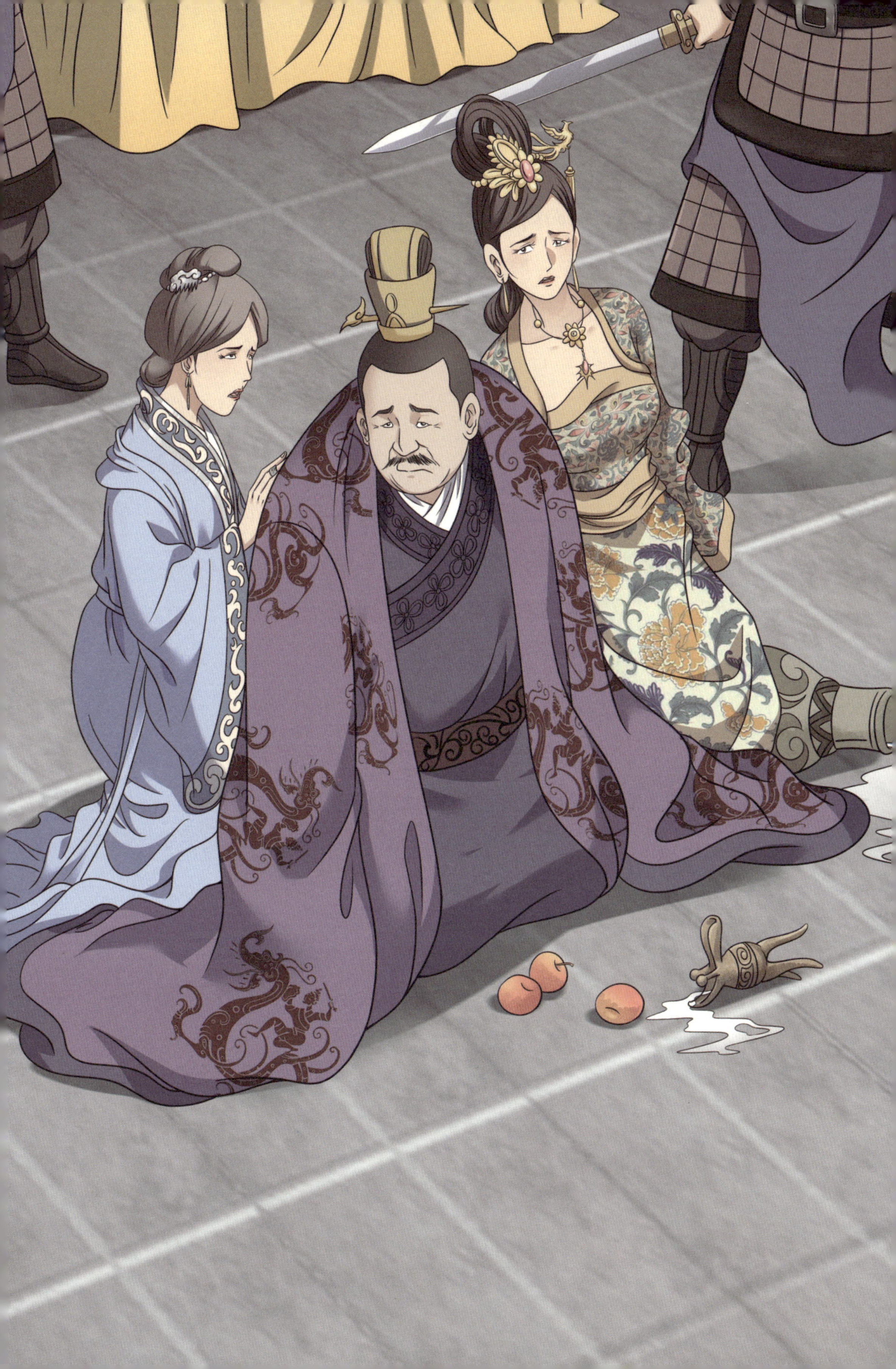

于是自己总结说："当年齐军三次进攻南方，周军两次打过来，都是大败而归，现在他们隋军来了，又能怎样！"接下来一群大臣就开始鼓掌："皇上说得好，长江自古以来就是南北的界线，隋朝军队难道还能飞过来吗？"于是，整个陈朝都城继续歌舞升平。

小 Q：我要是隋朝军队，我也喜欢这样的对手。

姜 sir：最后守城将军投降，隋朝军队占领了陈朝首都。隋朝军队首先想抓住陈叔宝，可陈叔宝不知去向，搜查了整个宫殿，最后在花园的枯井里发现了他。众人用力一拉，才发现陈叔宝带着他的两个妃子紧紧地抱在一起。

小 Q：国家都灭了，还不忘带着妃子，这陈叔宝真是个昏君。

姜 sir：陈叔宝写过一首诗叫《玉树后庭花》，写完这首诗没多久，国家就被灭了，所以这首诗也被称为"亡国之音"。后来唐朝诗人杜牧写下了："商女不知亡国恨，隔江犹唱后庭花。"

小 Q：不管怎么样，大动乱终于结束了，天下又统一了。

姜 sir：乱了将近 300 年的中华大地终于再一次迎来了统一。下一节我们就来总结一下这段大乱世。

96　乱世总结大会

各位同学，大家好，我就是那个人见人爱、花见花开、车见车爆胎的姜 sir。

大家好，我就是那个负责问问题的小 Q 同学。

姜 sir：从 280 年西晋灭吴统一全国开始，到 589 年隋灭陈统一全国，这段历史又可分为两段：大约前 150 年看作两晋十六国时期，后 150 年看作南北朝时期。国家虽然长期处于分裂状态，战争也比较多，但这一时期的文学有了新的发展。

小 Q：一般来说，乱世时大家都忙着活命，在这种情况下，很少有人创作文学作品吧？

姜 sir：乱世给文人带来的并不全是坏事，首先在古代统一和平的时期，文人不是想说什么就能说的，这要看皇帝让不让你说，你写的是不是皇帝想要的。

小Q：我明白了，魏晋南北朝基本没人管，所以文人可以自由地发挥。

姜sir：其次，乱世中人们会遇到不同的苦难，而这些苦难又给了文人创作的素材，所以这段时期的文学得到了快速发展。

小Q：这段时期的文学作品都有哪些呢？

姜sir：曹操、曹丕、曹植，加上"建安七子"，这就是建安文学的辉煌。陶渊明、谢灵运的山水田园诗那是一绝。民歌也有《木兰辞》《孔雀东南飞》合称乐府双璧，还有北朝《敕勒歌》的"天苍苍，野茫茫，风吹草低见牛羊"成为描写草原的典型诗歌。

小Q：那除了文学，还有没有其他的呢？

姜sir：魏晋南北朝时期的书法家很多，其中以东晋的王羲之和他儿子王献之最为出名。历史学产生了《后汉书》和《三国志》，有一本专门记录各地山水等地理特点的书籍《水经注》，有记录农业知识的《齐民要术》，还有圆周率精准到小数点后七位的大数学家祖冲之也是这时期的人。

小Q：这时期的文化真繁荣，我先简单地记一下，长大后点点详细地了解。接下来是不是可以讲我最感兴趣的话题了？

姜sir：炒菜这种方式，明确的记录就出现在魏晋南北朝时期,《齐民要术》中就记载有炒鸡子。

小 Q：这是一道什么菜？

姜 sir：鸡子就是鸡蛋，其实就是炒鸡蛋。只不过那时候的炒鸡蛋还会放豆豉（chǐ），也不知道好不好吃。

小 Q：有炒鸡蛋了，其他的美食是不是也有很多了？

姜 sir：小 Q 有没有留意大人在煮肉的时候汤表面会浮起一层泡沫，这时都会用勺子盛出来扔掉。

小 Q：我的注意力都在肉上了，下次我观察一下。

姜 sir：这个技术就是从魏晋南北朝时期开始的，除去汤汁中的杂质，使汤汁更清，在当时也是烹饪技法的一大进步。比较大的城市甚至有专门的蔬菜市场。同时在文字记录中可以发现当时水果种类已经有 40 多种。

小 Q：有没有那种听了会流口水的美食？

姜 sir：五味脯就是一道著名的小吃，牛、羊、鹿、猪肉都可以做，肉切成条，把肉上的骨头捶碎煮成汤，放入豆豉和盐，还有葱、花椒末、橘皮和生姜末，然后将切好的肉条放入汤中，浸泡 3 天取出，用细绳穿挂在屋北檐下阴干。

小 Q：有点儿像现在吃的肉干。

姜 sir：当时不仅有肉干，还有鱼干。魏晋南北朝战争多，能够补充营养和体力而且易于携带的肉干就成了军队的最佳选择。和肉干一样便于储存的食物叫胡饼，也非常受欢迎。

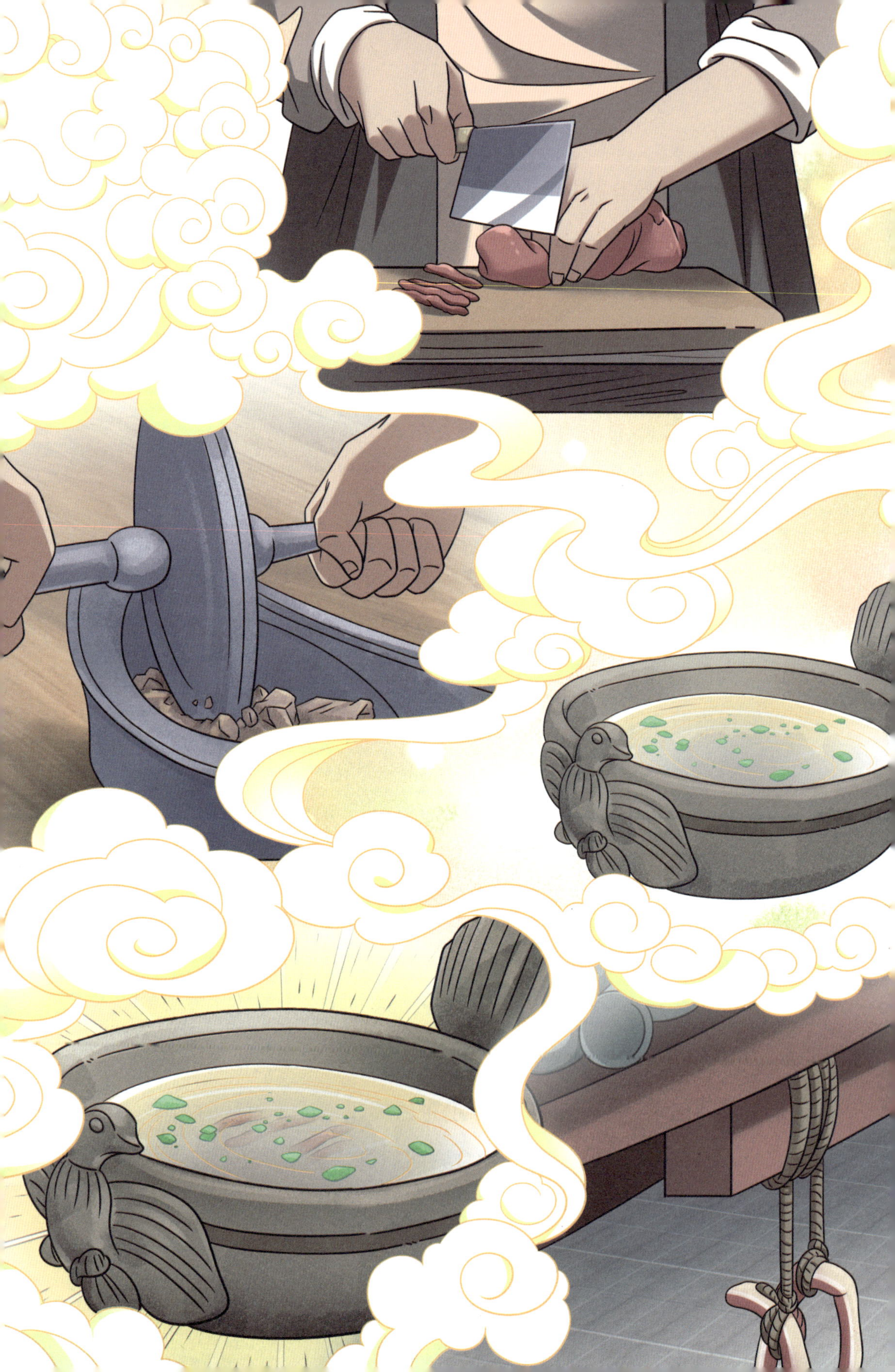

小Q：饼我吃过很多，胡饼是什么饼？

姜sir：胡饼很像我们现在吃的馕。有个小故事，当时有个官员想给自己女儿挑个丈夫，听说王家的几个男子都非常优秀，于是就来挑了，这几个男子都很严肃，还有点儿紧张，只有一个人解开上衣，坐在那儿大口吃着胡饼，没想到就这个人被选中了。他就是大名鼎鼎的王羲之。

小Q：还有其他饼吗？

姜sir：饼在当时很流行，无论是贵族还是老百姓都离不开饼。当时有胡饼、汤饼、水引饼、蒸饼、乳饼、面起饼、白环饼、截饼、细环饼等。

小Q：那也不能光吃饼呀，有菜吗？

姜sir：人们经常食用的蔬菜有茄子、韭菜、芹菜、萝卜、芋头、胡瓜、蘑菇等。做法有煎、炸、烩、蒸、煮、炖等多种方式。

小Q：食材已经很丰富了，做的方式也很多，但有足够多的调料吗？

姜sir：人常常用蔗糖来制作石蜜，类似于现在的冰糖。南方往往都会用蜜糖来制作一种甜酱，在《齐民要术》中，光醋的制作方法就多达23种，总体上来说，调味品非常丰富。

小Q：不错不错，我对于这个时期的美食很满意。

姜sir：其实魏晋南北朝虽然很乱，但也促进了民族的融合，各个民族在打仗的同时也在互相学习，互相影响。同时由于南方的相对稳定，大量的老百姓跑到了南面，中国历史上南方经济的开发就是从这个时期开始的。魏晋南北朝，我们要和它说再见了，隋朝已经向我们走来了，而隋朝不远的身后就是闪闪发光的盛世大唐。隋和唐为什么总是放在一起说呢？它们之间有什么关系呢？我们下节见。

第 10 章

承前启后的隋朝

97 改革从我做起

> 各位同学,大家好,我就是那个人见人爱、花见花开、车见车爆胎的姜 sir。

> 大家好,我就是那个负责问问题的小 Q 同学。

姜 sir:小 Q,如果是你当了皇帝,第一件事会做什么?

小 Q:从我个人的角度,我会吃一顿丰盛的美食庆祝一下;从国家的角度,我得让老百姓先过上好日子,毕竟乱了这么多年。

姜 sir:小 Q 还算是一个好皇帝。杨坚明白暴虐的统治长久不了,现在他自己当了皇帝,稍微做得不好,就容易被推翻,所以他提倡勤俭节约,并且是从自己做起。如果有个历代皇帝节俭大排名,杨坚至少排在前三位。

小 Q:怎么节俭,能不能举几个例子?

姜 sir：吃饭只允许有一道肉菜，举行一些庆祝活动才可以稍微加一些菜；住的地方也不许奢华装修；出行乘坐的车子破了就修修能用接着用；后宫妃子的衣服要用粗布不能用名贵丝绸；妃子戴的首饰也不能是金和玉，一般都为铁、铜或者动物的骨头。

小 Q：皇帝都这么节俭，肉都不多吃，下面的官员肯定更不敢浪费了。

姜 sir：当时有一个官员在山东做官，老百姓特别喜欢他，但后来要调去别的地方当官，当地百姓前来送别，可这个官员连杯酒也不敢喝，因为那是老百姓的酒，所以他只喝了一杯水。

小 Q：一杯送别酒都不喝百姓的，这也太廉洁了。

姜 sir：除了官员自身很好，还有很多官员内心非常畏惧杨坚。杨坚为了考察官员是否贪污，经常偷偷地派人假装给官员送礼，如果官员收了，就是犯罪，会受到很严重的惩罚。

小 Q：这样也挺好的，毕竟对老百姓是好事。

姜 sir：隋文帝杨坚不仅节俭，而且勤奋，经常工作到忘记吃饭，工作到深夜才睡觉。

小 Q：就没人劝劝杨坚，或者替他分担一下吗？

姜 sir：有大臣劝他，但杨坚对待权力是不容许分给任何人的，"不肯信任百司，每事皆自决断"——毕竟当时的很多大臣都是上一个时期留下的。刚当皇帝那一年，隋文帝要去地方检查工作，大臣就劝他："您刚刚当皇帝，一切还没完全融合好，何必亲自去呢？"杨坚笑了笑，说："我过去和你们一样，都是做大臣的，现在或许有些人觉得给我当大臣不服气，这次出行我就是要树立权威声望，告诉大家我就是皇帝。"

小Q：皇帝这份工作真不好做。

姜sir：杨坚虽然当了皇帝，但还有很多大家族重权在握，必须一步一步地替换大臣，重新建立一支绝对服从、绝对可靠的官员队伍。

小Q：那他对老百姓好吗？

姜sir：出行时，杨坚一路上都和百姓们一起走，身边的士兵十分紧张，生怕皇帝出现意外，杨坚却非常轻松，还下令不许驱赶老百姓，遇到山路狭窄，就让身边的士兵帮助老百姓背东西。

小Q：我觉得只要是爱百姓的皇帝都是好皇帝。

姜sir：刚刚称帝后，杨坚准备灭陈，但没想到北面的突厥攻破长城防线，进军隋朝。

小Q：突厥是和当年的匈奴一样吗？

姜sir：突厥是中国古代北方继匈奴、鲜卑之后兴起的又一个游牧民族，和之前的游牧民族一样，他们也常常南下进攻，

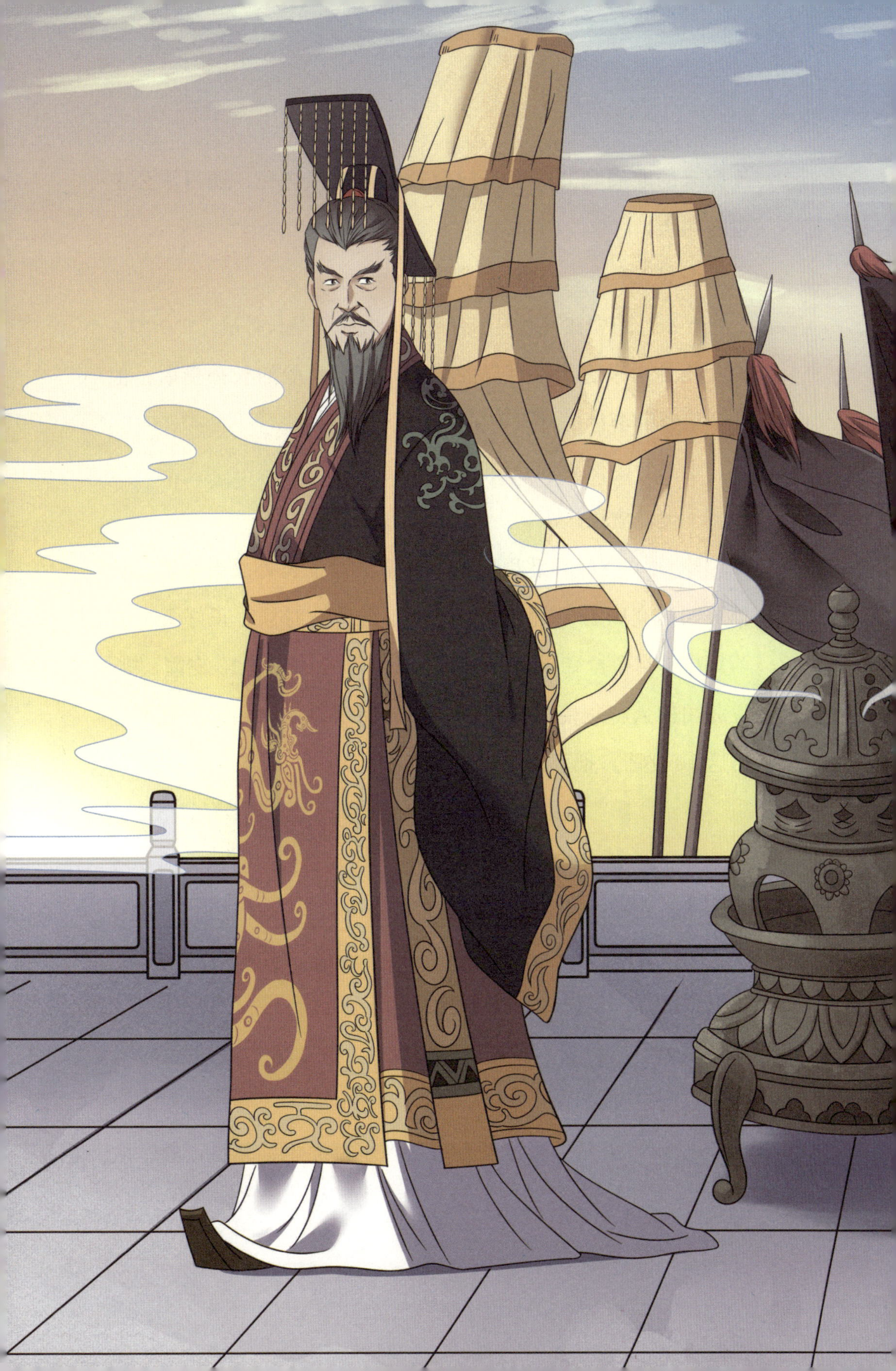

连原来的北周和北齐都得向突厥定期送钱送礼，还得派公主过去和亲。

小Q： 那隋朝能打得过突厥吗？

姜sir： 隋朝在突厥内部有自己人啊，就是长孙晟（shèng）。他女儿是未来唐朝李世民的皇后，大名鼎鼎的长孙皇后，他儿子是帮助李世民打天下的大功臣长孙无忌。

小Q： 虽然我对唐朝还不是很了解，但儿子女儿都这么厉害，他也应该很厉害。

姜sir： 突厥和北周和亲，杨坚推荐了长孙晟当使者。长孙晟到达突厥后，对方想羞辱一下他，这时候，正好天上有两只雕在空中抢夺猎物，于是，对方给了长孙晟10支箭："听说北周的人都很能说，但不知道射箭水平如何，先生能不能用这10支箭，把那两只雕射下来？"

小Q： 我射过箭，没有那么容易的，这肯定不好完成。

姜sir： 长孙晟冷冷地说了句："一支就行！"只见他"弯弓驰往，遇雕相攫（jué），遂一发而双贯焉"，仅用一箭就射中了两只大雕，留下了"一箭双雕"的佳话。成语"一箭双雕"便出自这里，后比喻做一件事达到两个目的。

小Q： 这个成语我听过，原来说的是他啊，太厉害了！突厥都傻眼了吧？

姜sir： 最后突厥把长孙晟留在了草原上，教自己的军队射箭，不让他回国了。

小 Q：啊？怎么和当年的苏武、张骞一样，那还能回去吗？

姜 sir：能不能回去，隋朝和突厥的战争又会怎么打呢？我们下节见。

98 来吧，突厥

各位同学，大家好，我就是那个人见人爱、花见花开、车见车爆胎的姜 sir。

大家好，我就是那个负责问问题的小 Q 同学。

姜 sir：上节我们说到长孙晟因为"一箭双雕"被扣在了草原上。

小 Q：早知道就不展示那么高的射箭水平了。

姜 sir：长孙晟不但没有抱怨，还积极地完成突厥交给他的工作。

小 Q：他不会是要真投降吧？

姜 sir：在完成工作的同时，长孙晟则借四处游猎之机，察看突厥的山川地形，了解其兵力部署，摸清突厥兵力强弱和部众之间的关系。一年之后，隋朝建立，对待突厥的态度很强硬。

突厥很生气，准备开战，长孙晟就说："别打，我和杨坚关系好，派我去，一定能劝他进贡。"就这样，他趁机回国了。

小Q：他太机智了，顺利地回来了。

姜sir：回来之后他就把突厥的所有情况汇报给了杨坚，然后杨坚让长孙晟回到了突厥。

小Q：什么？好不容易回来了，怎么还回去？

姜sir：这次可是带着任务去的，当时突厥的主要力量是沙钵略、达头、阿波、突利四大可汗，他们是叔侄关系，但面和心不和。你能猜到长孙晟负责做什么吗？

小Q：挑拨离间，让他们内乱，对不对？

姜sir：对的，长孙晟一生与突厥交往20多年，以自己的奇谋韬（tāo）略，通过离强合弱、以夷制夷、软硬兼施等策略，分化瓦解突厥势力，终使强大的突厥分崩离析。但突厥的实力毕竟还是很强，仗还是得打，接下来就是一群勇猛将军的英雄事迹。

小Q：这一段和当年汉朝打匈奴很像，听着就激动。

姜sir：这是一个英雄辈出的年代，介绍第一位达奚（xī）长儒，率领2000兵力对战10万敌军。打了3天，打退敌人无数次进攻，最后只剩下200多人，竟然没有一个人投降，直到最后突厥退兵。接下来介绍第二位，史万岁。

小Q："万岁"这个名字在古代不能乱叫吧？

姜 sir：" 万岁 " 这个词直到宋朝才成为皇帝的专属，所以这个名字在隋朝没有问题。史万岁经常去突厥的地盘抢劫，战斗力极强，和对方将军对战，一个回合就赢了。

小 Q：什么是回合？

姜 sir：" 回合 " 这个说法是从春秋战国时的战车流传出来的，当时战车相互冲锋，兵器打到一起的一瞬间叫 " 一合 "，然后双方的战车慢慢掉头，再交锋一次称为 " 一回 "，这一来一去就是一回合。

小 Q：史万岁一个回合就赢了，这也太厉害了。

姜 sir：" 一回合之后，突厥大惊，不敢复战，遂引军而去。" 一回合，对方都蒙了，直接后退，后来听说史万岁的名字突厥就直接开跑："撤，撤，赶快撤回！" 史万岁能让你轻易跑掉吗，率军追杀了 100 多里，消灭突厥几千人，可史万岁依然紧追不放，深入沙漠几百里，实在是抓不着人了，他才返回。正因为内部有长孙晟，外部有很多猛将，所以隋朝才最终打败了突厥。

小 Q：隋朝的战斗力是真强悍。

姜 sir：这就是为什么杨坚当上皇帝到最终灭陈统一天下中间隔了 8 年。

杨坚足足准备 8 年——对内推行改革使百姓安居乐业，国富兵强；对外打击分化突厥，同时重用大量的人才，让整个国

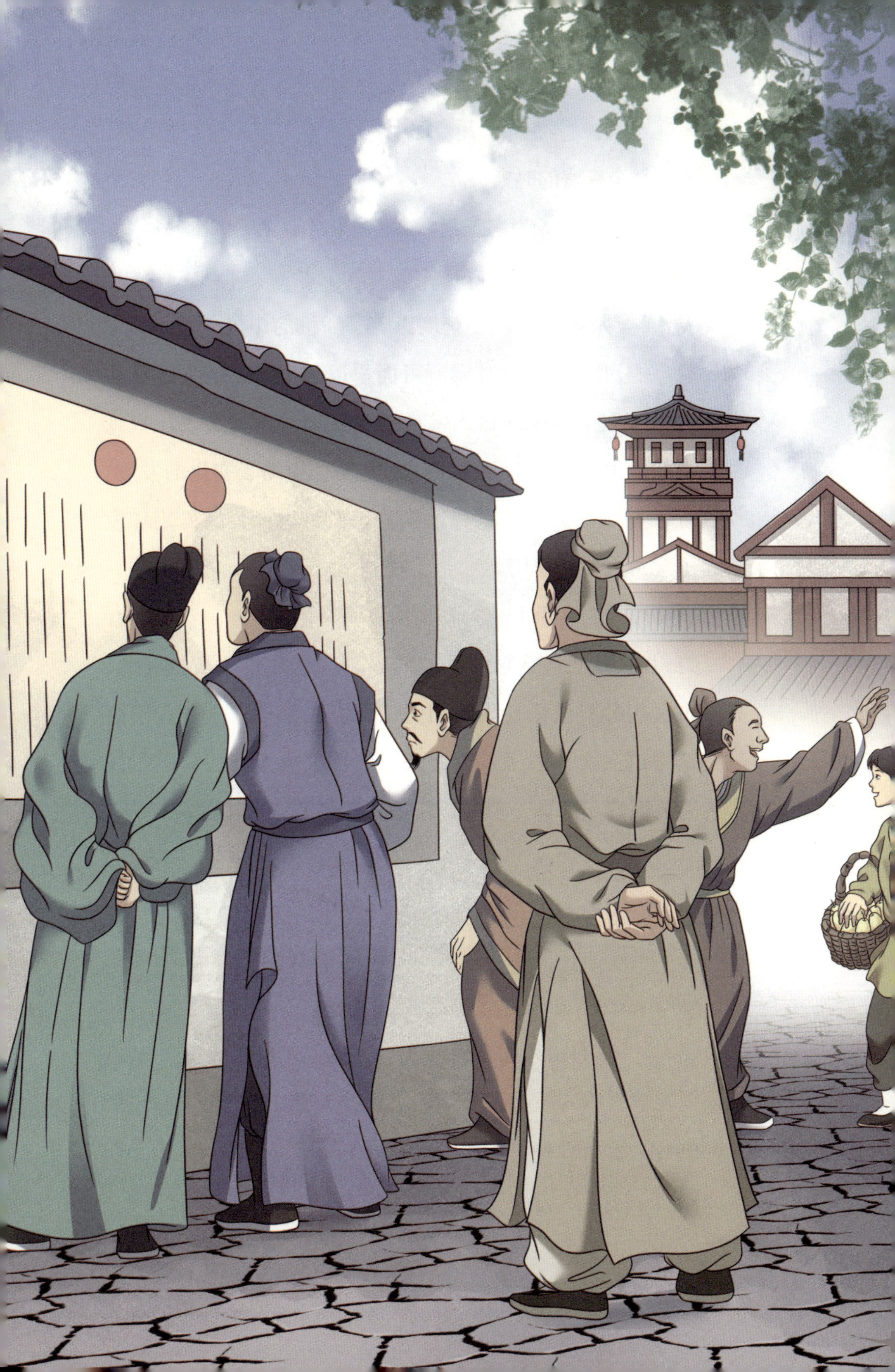

家进入了一个鼎盛的时期。

小Q：我原来看历史很少去看隋朝，现在一看，杨坚在我心中至少排前三的地位了。

姜sir：隋朝还有一个制度影响了后世的中国，就是科举制。科举制可以说是古时候所可能采取的最公平的人才选拔形式，它扩展了国家引进人才的社会层面，为社会下层民众提供了新的上升通道，动摇了门阀制度，推动了文化的发展，彻底打破了血缘世袭关系和世族的垄断，对社会的稳定和发展起了至关重要的作用。

小Q：我怎么看书上都是批评科举制的呢？

姜sir：那是到后来考试的内容越来越死板才被批评的。科举全名叫分科取士，就是用考试的方法来选取人才。隋唐的科举考试，文官的考试内容是讨论国家大事、写诗歌；武官的考试内容是骑马、射箭、举重，都是非常实用的科目。

小Q：看来科举制就是早期的考试，那为什么影响那么大呢？

姜sir：我问你，如果你管1000人，你需要多少人帮你管理？

小Q：我觉得5～10个就够了。

姜sir：你的亲人朋友就够了。如果是100万人呢？你的亲人朋友够吗？

小Q：那我就通过考试选人才。

姜 sir：可你会发现，你选出来的人才都是一些当官的孩子，你觉得公平吗？

小 Q：不公平啊，我要的是全天下的人才。

姜 sir：可并不是所有人都有条件读书的，考试，不还是有利于那些贵族的孩子吗？

小 Q：那我就先让所有人有书念，然后再考试，就和现在的九年义务教育一样。

姜 sir：所以推行科举考试至少需要两方面条件。第一，皇帝说了算，科举考试之前，所有官职几乎是被那些大家族占有的，得让他们同意拿出一部分官职来考试。第二，造纸和印刷术发达，让穷人也可以有书学习，参加考试。

小 Q：隋朝两样都有了，于是就有了科举考试。隋朝不但结束了乱世，还让老百姓吃得饱饭，努力学习还能通过考试当官。

姜 sir：隋朝的科举并不是随便一个孩子就能考的，你要想参加科举考试，必须得到五品以上官员的推荐才行。

小 Q：那老百姓不认识这些大官，还是没机会考试。

姜 sir：是的，这就是隋朝，下一节我们要告别隋朝。

小 Q：我正沉浸在隋朝的强大和美好中呢，怎么就结束了？

姜 sir：是的，隋朝是个短命王朝，到底发生了什么？我们下节见。

99 这么快就结束了

各位同学，大家好，我就是那个人见人爱、花见花开、车见车爆胎的姜 sir。

大家好，我就是那个负责问问题的小 Q 同学。

姜 sir：如果提到一个朝代，它用大一统的方式结束了数百年的混乱格局，它存在的时间很短，只有两代皇帝，它开创并推行了前所未有的制度。小 Q，你会想到哪个朝代？

小 Q：秦朝。

姜 sir：其实隋朝也是这样的。581 年，杨坚篡（cuàn）夺北周帝位，建立了隋朝。589 年，隋朝出兵平陈，统一了中国。617 年，隋朝被李渊建立的唐朝取代。前后 37 年，如果从统一全国算起，隋朝不过 29 年。

小 Q：怎么这么快？上一节我刚感慨了隋朝的强大。是不是出现昏君了？

姜 sir：隋朝两个皇帝，爸爸隋文帝杨坚建立了国家，儿子隋炀帝杨广丢了国家，问题肯定是出在了儿子杨广身上，但爸爸杨坚到了晚年，也做了很多糊涂事，比如制定了很严苛的法律，例如三个人一起偷一个瓜，三个人都要被判死刑。还对提意见的大臣施行廷杖。

小 Q：什么是廷杖？

姜 sir：就是皇帝在殿廷上直接用棍子打大臣，有的大臣还被杨坚当场打死。杨坚还听了很多小人的话，把一些忠臣，甚至一些陪他打天下的大臣给杀了，还废掉了太子，改立杨广为接班人。

小 Q：历史上好像有很多皇帝都是到了晚年反而出现了一些错误。

姜 sir：像齐桓公、汉武帝，还有后世的唐玄宗都是到了晚年犯了一些错误。人非圣贤，孰能无过，皇帝也是人，不可能个个优秀，也不可能一辈子一直优秀。同时治理国家不是那么容易的，对皇帝有着极高的要求，很多皇帝到了晚年，有的贪图享乐，有的担心权力被别人抢走，还有的因为年龄大了，决策力和判断力下降。所以下一任皇帝很重要，是继续折腾，还是能平稳过渡，决定了国家的命运。

小 Q：估计杨广是个爱折腾的昏君吧？要不然隋朝也不

会灭亡得这么快。

姜sir：史书上称杨广"美姿仪，少聪慧"，就是长得帅又聪明，同时他还是个诗人，他的很多诗句经常被后人模仿。比如宋代秦观有一句"斜阳外，寒鸦万点，流水绕孤村"就是从杨广的"寒鸦飞数点，流水绕孤村。斜阳欲落处，一望黯消魂"模仿来的。

小Q：听着也不像个昏君啊，最起码是个聪明人，和胡亥可不一样。

姜sir：杨广是一个有才华的皇帝，但也是一位急于求成的帝王。他将年号定为"大业"，是因为他想当像汉武帝、秦始皇一样的皇帝。他有建立大一统盛世的野心，但欲速则不达。

小Q：什么叫欲速则不达？

姜sir：意思是指过于性急图快，反而不能达到目的。我们看看杨广当皇帝都干了什么。604年，杨广下令修建东京洛阳，征调成年男子数十万去挖掘壕沟。605年，继续征调男女民工100余万人开挖通济渠，同时下令修建各种宫殿。607年，杨广开始巡游，他率领20万人，船队长达200余里，所经地方要贡献食物，一路铺张浪费。608年，他亲自率领军队攻打吐谷（yù）浑。612年，杨广第一次进攻高句丽，征调士卒113万余人，民夫200万人负责运送粮食，但没有打下来。613年，第二次进攻高句丽，但国内有人起兵造反，所以撤军。

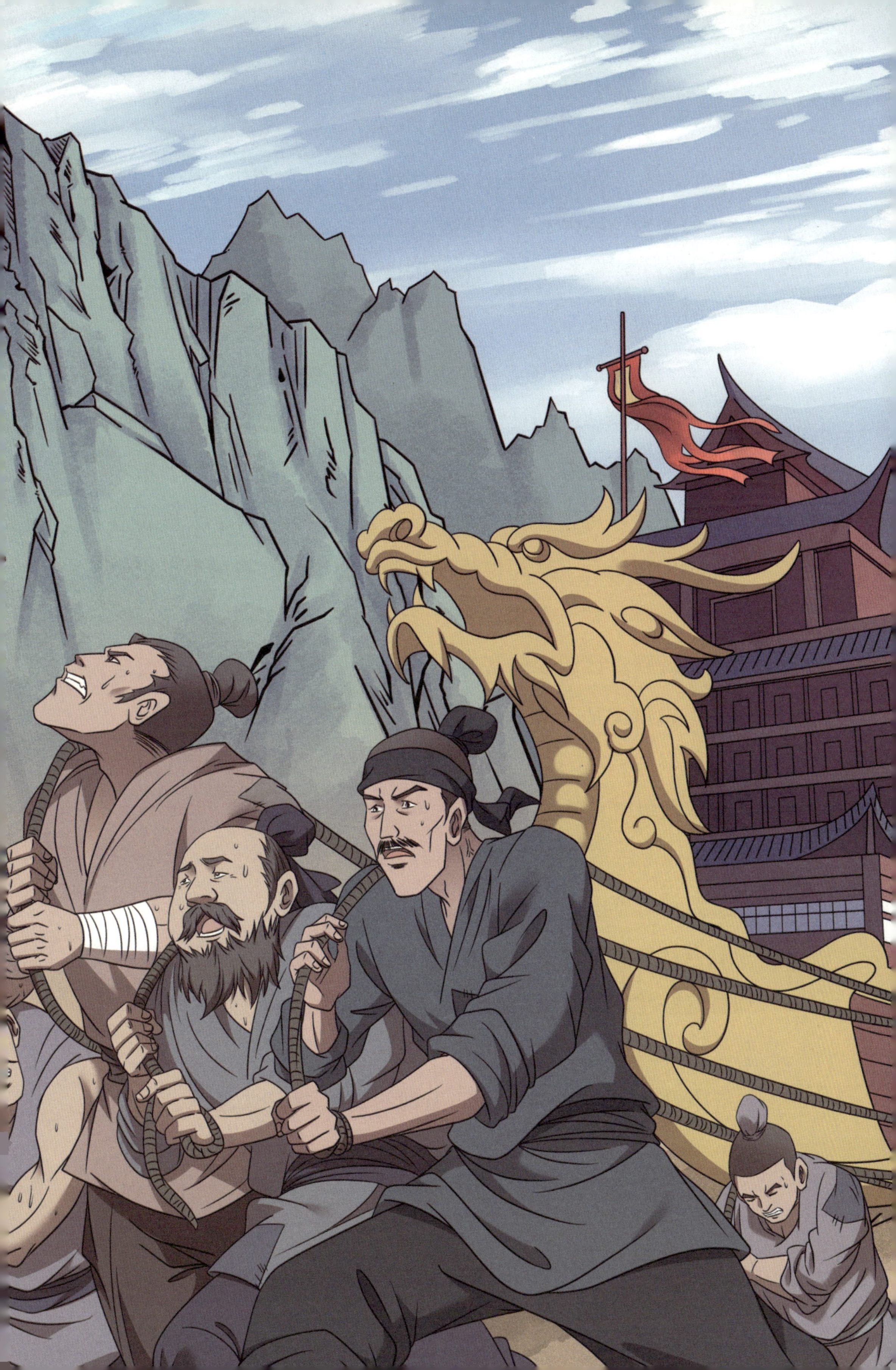

614年，平定叛乱后第三次进攻高句丽，这次因国内农民起义大规模爆发，杨广不得不撤军。

小Q：太能折腾了，还不如只知道享乐呢，最起码老百姓不至于跟着受罪。

姜sir：如果隋炀帝杨广是个只知道享乐的昏君，也许隋朝不至于灭亡。问题就出在他只是充满理想主义，却缺少一种统筹规划的能力，用一个成语形容就是"好大喜功"，指不管条件是否许可，一心想做大事立大功。当时有的大臣知道隋炀帝的性格，于是和他描述了西域的情况，隋炀帝也想像汉武帝一样，建立丝绸之路，于是也派了大臣去联络西域，但为了炫耀自己国家的富有，西域的少数民族只要经过饭店的，大臣命令店主都要邀请进来，款待吃喝，不收一分钱，还得告诉他们："我们有钱，酒食照例不要钱。"甚至还在路边用丝绸缠树来显示富有。

小Q：这不就是炫富吗？但问题是你也没那么富有啊。

姜sir：问题是还被人家外国友人发现了，说："你们这里有人连衣服都穿不上，树上包上丝绸只是好看而已，还不如将这些丝绸拿下来给他们做衣服呢！"当时在场的隋朝官员一句话也没说出来。

小Q：唉，有这种皇帝，隋朝不被灭才怪。

姜sir：杨广当皇帝时，全国大概有4600多万人，但是到了唐初，全国只剩1000多万人了。在他的折腾下，全国死了2000万~3000万人。隋朝在杨广的折腾下结束了，但给后人留下了一条河，这条河影响可太大了。是一条什么河呢？我们下节见。

100　沟通南北的河

各位同学,大家好,我就是那个人见人爱、花见花开、车见车爆胎的姜 sir。

大家好,我就是那个负责问问题的小 Q 同学。

姜 sir:小 Q,我们做一个找规律的游戏,你从下面的诗歌中找一个共同的方向。

1. 滚滚长江东逝水。
2. 问君能有几多愁,恰似一江春水向东流。
3. 大江东去,浪淘尽,千古风流人物。
4. 河中之水向东流,洛阳女儿名莫愁。
5. 百川东到海,何时复西归。

小Q：这五句诗歌里都有"东"，并且都说的是水往东流。

姜sir：水往低处流，中国的地势是西高东低，所以很多河水都是从西流向东。那如果南北方向想坐船，可怎么办呢？挖一条河，你觉得怎么样？

小Q：别开玩笑了，怎么可能？

姜sir：隋炀帝杨广就做了这件事，但杨广并不是第一个做这件事的。公元前486年，吴王夫差为了争夺天下，就疏通了古水道，开凿了淮扬运河。秦汉、魏晋南北朝时期开凿了一些地方性运河。可以说从先秦时期到南北朝时期，我国古代劳动人民开凿了大量运河，其分布地区几乎遍及大半个中国。所以说在隋炀帝开始修建之前，前面的王朝已经修建了很多的河道，只是这些河道没有连接起来，隋炀帝动用了200多万的百姓，把之前的河道重新疏浚（jùn）并且连接起来，最终修建成了著名的隋朝大运河。

小Q：为什么人们会挖这些河呢？

姜sir：你觉得从水上运东西和从陆地运东西，哪一个划算，便宜一些？

小Q：我怎么觉得差不多呢。

姜sir：有人曾经计算过，从陆地运输需要100人、400匹马和50辆四轮运货车搬运的货物，如果借由水路运输的话，只需要6～8个人，驾驶一艘大船就可以了。同时水路运输还能拉动城市的经济繁荣。

小Q：我终于明白为什么要开凿这些河流了，这不是好事吗？

姜sir：隋炀帝开挖大运河，一些人认为隋炀帝在开凿运河之后便可以乘坐龙船很便捷地去扬州赏花。不过也有一些人不同意以上的这种观点，在比较客观的正史《隋书》的记载中，隋炀帝不仅仅是游过扬州，还曾经巡游过西北部的一些边境。

小Q：如果真是为了赏花就太过分了，但如果是为了国家的统治还多少说得过去。

姜sir：隋朝之前的中国是什么时期？

小Q：南北朝。我明白了，大运河连接了南北，有利于巩固隋朝的统治。

姜sir：同时还可以把南方的物资运送到北方，所以不论杨广修建运河的目的是什么，大运河在促进我国南北经济交流方面都起到了积极的作用。

小Q：我认为这条河害了隋朝的百姓，但后世的百姓却得到了好处。

姜sir：你的这个观点就是唐朝诗人皮日休的观点，叫"在隋之民不胜其害，在唐之民不胜其利也"。有一首诗是这么说的："尽道隋亡为此河，至今千里赖通波。若无水殿龙舟事，

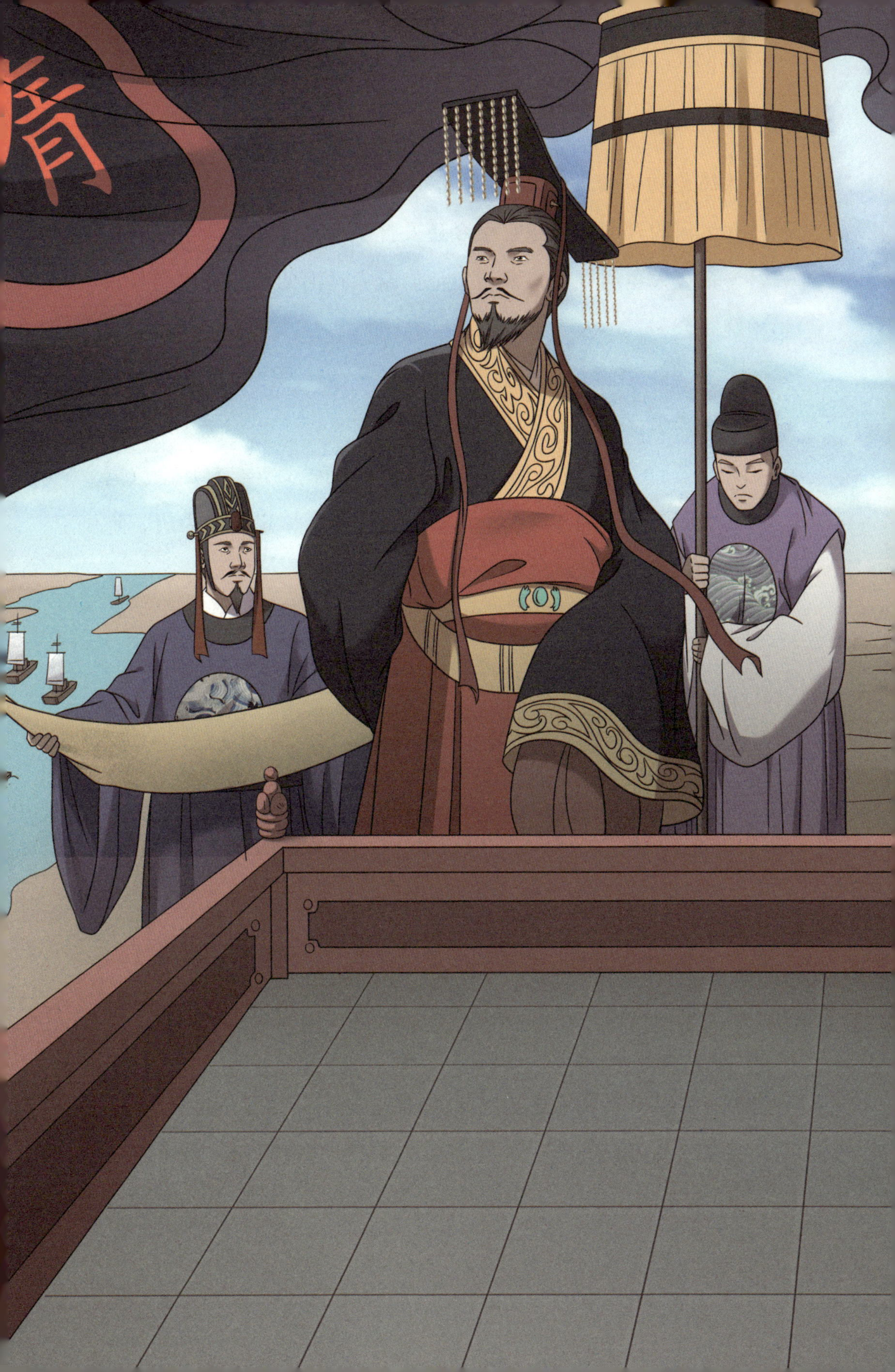

共禹论功不较多？"意思是尽管人们都说隋朝灭亡是因为大运河的开通，但是它至今还发挥了很大作用。如果没有隋炀帝在大运河乘龙舟游玩，他修筑大运河的功绩可以和大禹媲美。

小Q：隋朝这么结束，是不是又是一段乱世啊，好不容易天下才和平。

姜sir：隋朝末期爆发了农民起义。617年5月，唐国公李渊起兵。618年5月，李渊夺位称帝，定国号为唐，隋朝灭亡。

小Q：太好了，我还以为又得陷入大混乱呢。

姜sir：但你知道李渊和杨广是什么关系吗？

小Q：不就是大臣和皇帝吗？皇帝昏庸，大臣起义推翻了皇帝。

姜sir：这只是一层关系，但其实他俩是表兄弟。李渊比杨广仅大3岁，两个人的妈妈是姐妹关系。

小Q：李渊要管杨广的妈妈叫姨，对吗？

姜sir：是的，不仅仅是亲属关系，李渊和杨广还是从小一起长大的。

小Q：隋唐还真是一家亲。

姜sir：历史上总是把隋唐放在一起，不仅仅是这个原因，更多的是唐朝继承了隋朝的很多制度，同时隋朝又给唐朝打下了良好的基础。隋朝灭亡了，但多个国家仓库中粮食还有很多，尽管隋末战乱遭到破坏，但直到唐贞观十一年，隋朝留下的粮食还没用完。总而言之，唐朝的兴盛与隋朝是分不开的，可以说是隋朝成就了唐朝，使唐朝走向了灿烂辉煌。因此，史学家把隋朝与唐朝合称"隋唐时期"。下一节我们就迎来中国历史上的一个顶峰时期——唐朝。我们下节见。